КАКЪ Я БЫЛА МАЛЕНЬКОЙ.

Какъ я была маленькой.

Изъ воспоминаній РАННЯГО ДѢТСТВА В. П. Желиховской.

2-ое исправленное и дополненное изданіе,

съ рисунками Т. И. Никитина и др.

С.-Петербургъ.

ИЗДАНІЕ А. Ф. ДЕВРІЕНА.

Дозволено цензурою, Спб., 29 апрѣля 1894 г.

Типографія Я. Трей, Разъѣзжая, 43.

I.

Первыя воспоминанія.

Знаете ли вы, дѣти, какъ я помню себя въ первый разъ въ жизни?.. Помню я жаркій день. Солнце слѣпитъ мнѣ глаза. Я двигаюсь,—только не хожу, а сижу, завернутая въ деревянной повозочкѣ и покачиваюсь отъ толчковъ.

Кто-то везетъ меня куда-то...

Кругомъ пыль, жаръ, поблеклая зелень и тишина, только повозочка моя постукиваетъ колесами. Мнѣ жарко. Я жмурюсь отъ солнца и, лишь въѣхавъ въ тѣнистую аллею, открываю глаза и осматриваюсь. Предо мной большой домъ съ длинной галлереей. Какой-то старый солдатъ, завидѣвъ меня, издали улыбается и, взявъ подъ козырекъ, кричитъ: — «Здравія желаемъ кривоногой капитаншѣ!..»

Кривоногой капитаншѣ!. — вѣдь это

обидно, не правда-ли? Я сообразила это позже; но въ то время я еще не умѣла обижаться. Няня вынула меня изъ повозочки и понесла... купать.

Много времени спустя, я узнала, что это было въ Пятигорскѣ, куда мама привезла меня лечить и жила вмѣстѣ съ бабушкой и тетями, которыя сюда прiѣхали изъ другаго города для свиданiя съ нами.

Мнѣ былъ всего третiй годъ...

Не диво, что это п е р в о е мое воспоминанiе.

Всякiй день моя няня, старая хохлушка Ори-на, возила меня на воды купать въ сѣрной водѣ; а потомъ меня еще на цѣлый часъ сажали въ горя-чiй песокъ, кучей насыпанный на маленькой гал-лереѣ нашей квартиры. Хотя мнѣ былъ третiй годъ и я все понимала и говорила, но не могла ходить. Впрочемъ, ноги у меня были только сла-быя, а не кривыя, несмотря на прозванiе «криво-ногой капитанши», данное мнѣ сторожемъ при купальнѣ. А капитаншей онъ потому называлъ меня, что отецъ мой былъ тогда артиллерiйскiй капитанъ.

Воды помогли мнѣ: послѣ Пятигорска я нача-ла ходить.

Не помню, какъ мы разстались съ бабушкой и какъ ѣхали домой. Я опомнилась совсѣмъ въ другомъ мѣстѣ, гдѣ уже не было родныхъ моихъ, а все приходили какiе-то офицеры, и одинъ изъ нихъ высокій, съ рыжими колючими усами, называлъ себя моимъ папой... Я никакъ не хотѣла этого признать: толкала его отъ себя и говорила, что онъ совсѣмъ не мой папа, а чужой. Что мой родной,—большой папа (мы, дѣти, такъ называли дѣдушку) остался тамъ,—съ маминой мамой и тётями, и что я скоро къ нему уѣду...

Помню, что мама часто болѣла, а когда была здорова, то подолгу сидѣла за своей зеленой каленкоровой перегородкой и все что-то писала.

Мѣсто за зеленой перегородкой называлось «маминымъ кабинетомъ», и ни я, ни старшая сестра, Леля, никогда ничего не смѣли трогать въ этомъ уголкѣ, отдѣленномъ отъ дѣтской одною занавѣской. Мы не знали тогда, что именно дѣлаетъ тамъ по цѣлымъ днямъ мама? Знали только, что она что-то пишетъ, но никакъ не подозрѣвали, что тѣмъ, что она пишетъ, мама зарабатываетъ деньги, чтобъ платить нашимъ гувернанткамъ и учителямъ.

Въ хорошіе дни мы уходили въ садъ и тамъ играли съ няней Ориной или съ Лелей, когда она была свободна. Въ дурную же погоду я очень любила садиться на окно и смотрѣть на площадь, гдѣ папа со своими офицерами часто учили солдатъ. И очень забавлялась, глядя, какъ они разъѣзжали подъ музыку и барабанный бой; какъ гремя переѣзжали тяжелыя пушки, а мой папа, на красивой лошади, скакалъ, отдавая приказанія, горячась и размахивая руками.

Къ намъ часто приходило много офицеровъ обѣдать и пить чай. Мама не очень любила, когда они, бывало, начнутъ громко разговаривать и накурятъ цѣлыя облака дыма. Она почти всегда сейчасъ послѣ обѣда уходила и запиралась съ нами въ дѣтской.

Зимою мама стала болѣть чаще. Ей запретили долго писать и потому она проводила вечера съ нами. Она играла на фортепьяно, а Антонія, молодая институтка, только что у насъ поселившаяся, вздумала, шутя, учить сестру танцамъ. Мнѣ это очень понравилось и я тоже захотѣла учиться у нея; но такъ какъ я была очень толстая, а ноги все еще были у меня слабы, то я безпрестанно падала, желая сдѣлать какое-нибудь па и до слезъ смѣшила маму и Антонію. Но я не унывала и еще вздумала учить танцовать свою старую няню Орину. Бѣдная хохлушка никакъ не могла такъ вывернуть ноги, какъ я ей приказывала; а я еще была такая глупая дѣвочка, что изъ себя за это выходила, щипала ее за ноги и жаловалась, что у «гадкой Орины ноги кривыя!»

Вдругъ, сама не помню, какъ мы очутились въ большомъ, красивомъ городѣ...

Я себя вижу, въ большой, высокой комнатѣ. Я стою у окна, съ апельсиномъ въ рукѣ и смотрю на море. Ухъ! сколько воды!.. И невидно, гдѣ это море кончается?.. Точно уходитъ туда, — далеко, далеко, до самаго неба. И какое оно шумливое, неспокойное! Все бурлитъ сердитыми волнами, покрытыми бѣлой пѣной. У самаго берега много качается кораблей, лодокъ, а вдали бѣлѣются паруса. «И какъ это имъ не страшно уходить такъ далеко отъ берега? думаю я, глядя на нихъ, какъ-то они вернутся?.. Вѣрно утонутъ!? И мнѣ такъ и казалось, что на этихъ корабляхъ бѣдные люди должны уходить «туда» далеко въ сердитое море и навсегда тамъ пропадать.

Мы жили въ этомъ городѣ цѣлую весну. Я много гуляла съ Антоніей и съ новой гувернанткой англичанкой. Особенно любила я сходить по широкой лѣстницѣ на морской берегъ и собирать тамъ раковины и пестрые камешки.

Послѣ я узнала, что этотъ городъ Одесса и что мама пріѣзжала сюда лечиться.

Послѣ этого мы еще прожили все лѣто въ очень скучномъ и грязномъ польскомъ мѣстечкѣ (гдѣ стояла папина баттарея), о которомъ я ничего не помню, кромѣ того, что разъ мнѣ подарили куклу, объявивъ, что я теперь большая, должна учиться читать и писать. Мнѣ пошелъ пятый годъ. Ученіе, однако, было отложено, и я продолжала только играть, рости, шалить и толстѣть. Сестра, на четыре года старше меня, уже училась серьезно съ обѣими гувернантками и музыкѣ съ мамою. Но бѣдная наша мама все становилась слабѣе и больнѣе, хотя трудилась по прежнему. Ради ея здоровья, требовавшаго правильнаго лечеиія, мамѣ необходимо было согласиться на просьбы бабушки, и мы собрались ѣхать къ нимъ въ Саратовъ, чему Леля и я ужасно были рады.

Съ этого времени я ужь лучше помню и начну вамъ разсказывать по порядку все свое счастливое дѣтство.

II.

Пріѣздъ къ роднымъ.

Было темно. Наша закрытая кибитка мягко переваливалась со стороны на сторону. Уставъ отъ дороги и долгаго напраснаго ожиданія увидать городъ, куда всѣмъ намъ ужасно хотѣлось скорѣй доѣхать, мы всѣ дремали, прислонясь, кто къ подушкѣ, кто къ плечу сосѣда. Меня съ сестрой совсѣмъ убаюкала медленная ѣзда по сугробамъ, тихое завываніе вѣтра, да однообразные возгласы ямщика на усталыхъ лошадей. Одна мама не спала. Она держала меня, меньшую, любимую дочку свою на колѣнахъ; одной рукой придерживала на груди своей мою голову, оберегая ее отъ толчковъ; другою

продѣлала себѣ маленькую щель въ полости ки-
битки и, пригнувшись къ ней, все высматривала
дорогу.

Мнѣ снилось лѣто. Большой садъ съ развѣси-
стыми деревьями. Какія большія, желтыя сливы!..
И какъ больно глазамъ отъ солнца, свѣтящаго
сквозь вѣтви!..

Вдругъ я проснулась, пробужденная толчкомъ,
и въ самомъ дѣлѣ зажмурилась отъ яркой полос-
ки свѣта, пробѣжавшей по моему лицу.

— Это что? спросила я. вскочивъ и протирая
глаза:—что это такое, мамочка?... Фонарь?

— Фонарь, моя милая, сказала мама, улыба-
ясь. И посмотри, какой еще большой фонарь!

Она отодвинула полость кибитки, и я увидѣла
много огоньковъ, а впереди что-то такое боль-
шое, свѣтлое, въ два ряда унизанное свѣтящими-
ся окнами...

— Это домъ, мама! Какой хорошій!... Кто тамъ
живетъ?

— А вотъ посмотримъ, отвѣчала мама.—Раз-
вѣ ты не видишь, что мы къ нему ѣдемъ?

— Къ нему? Развѣ это такая станція?!

— Нѣтъ, дитя мое, станцій больше ужъ не бу-
детъ. Развѣ ты забыла, къ кому мы ѣдемъ? Это
городъ; а это домъ папы большаго. Мы пріѣхали
къ бабушкѣ и дѣдушкѣ.

Это домъ папы большаго! подумала я въ изумленіи. И всѣ мои понятія о дѣдушкѣ и бабушкѣ разомъ перевернулись. Мнѣ вдругъ представилось, что они вѣрно очень богатые, важные люди; а что этотъ блестящій фонарь, въ которомъ они жили, долженъ быть очень похожъ на дворецъ царевны Прекрасной, о которой разсказывала мнѣ Антонія.

— Леля! Леля!... начала я теребить свою сестру. Проснись! Посмотри, куда мы пріѣхали... Къ дѣдушкѣ и бабушкѣ!... Вставай! Да вставай же!...

— М...мь... промычала Леля. Убирайся!...

— Не сердись, сказала ей мама. Вѣрочка правду говоритъ: мы пріѣхали. Посмотри-ка: вотъ дѣдушкинъ домъ.

Все встрепенулось и зашевелилось въ нашей темной кибиткѣ. Да она ужъ и не казалась намъ темной теперь; полость откинули съ одного боку и свѣтъ, и шумъ городскихъ улицъ казались намъ чѣмъ-то волшебнымъ послѣ сумрака, снѣжной мглы, тишины и нашей долгой скуки.

Мы въѣхали въ каменныя ворота большаго дома, который я издали приняла за фонарь и остановились у ярко освѣщеннаго подъѣзда.

Что тутъ произошло, — я не могу никакъ описать! Всѣ и все перемѣшалось, перепуталось...

Съ маминыхъ колѣнъ я попала кому-то на руки. На крыльцѣ другія руки какой-то молоденькой барышни, оказавшейся меньшой теткой нашей, Надей, — перехватили меня и потащили на высокую, свѣтлую лѣстницу. Въ передней было ужасно тѣсно. Всѣ мы, моя мама, Антонія, сестра, горничная Маша, миссъ Джефферсъ, наша англичанка,—всѣ перемѣшались съ чужими, казалось, мнѣ незнакомыми людьми и всѣ смѣялись и плакали, ужасно меня этимъ удивляя.

Высокая, очень полная барыня, съ добрымъ и ласковымъ лицемъ, въ которой я не сразу признала свою дорогую бабушку, крѣпко обняла мою маму. Другая наша тетя, постарше Пади, тетя Катя, стала на колѣна передъ Лелей и крѣпко ее цѣловала. Высокій, сѣдой господинъ съ другой стороны держалъ маму за руку, обнимая ее тоже. Вся эта суета совершенно сбила меня съ толку. Я ничего не понимала, обернулась ко всѣмъ спиной и пристально разсматривала какого-то огромнаго, синяго человѣка, съ длинными усами, бѣлыми эполетами и бѣлыми шнурками на груди. Онъ меня очень занялъ, этотъ голубой человѣкъ!... Я боялась его немножко, но больше удивлялась, отчего это онъ одинъ не смѣется и не радуется, а стоитъ смирно, вытянувшись у дверей, и смотритъ на все неподвижно, даже не сморгнувъ глазомъ?...

— А гдѣ же Вѣра? гдѣ маленькая Вѣрочка?... вдругъ спросила бабушка, оглядываясь.

— Здѣсь она! отвѣчалъ кто-то.

Всѣ разступились предо мной, и высокій, худой

господинъ въ сѣромъ сюртукѣ поднялъ меня съ полу и, поцѣловавъ нѣсколько разъ, передалъ на руки бабушкѣ.

Тутъ только узнала я въ немъ своего милаго папу большаго.

— Дорогая моя Вѣрочка! говорила, обнимая меня, бабочка. Вотъ она, какая большая стала, моя крошка!... Подросла, поправилась послѣ Пятигорскихъ водъ. Да посмотри же ты на меня!... На кого это она такъ смотритъ? съ удивленіемъ обратилась бабушка къ моей матери.

— Вѣрочка! о чемъ ты думаешь?... спросила мама.

Я откинулась на рукахъ бабушки и все продолжала пристально глядѣть на голубаго человѣка...

— Кто это такой? шепотомъ спросила я, указавъ на него пальцемъ.

Всѣ обратились въ ту сторону и всѣ громко расхохотались.

— Жандармъ Игнатій! закричала, смѣясь, тетя Надя.

— Вотъ смѣшная дѣвочка! переговаривались всѣ, въ безпорядкѣ входя въ большую, свѣтлую залу. Жандарма испугалась!...

— Я совсѣмъ его не пугалась! обидѣлась я, не понимая, чему смѣются?

Но мой гнѣвъ еще больше насмѣшилъ всѣхъ.

и я стала переходить съ рукъ на руки. Меня об-
нимали и цѣловали безъ конца до того, что я го-
това была расплакаться и очень обрадовалась,
когда очутилась подъ крылышкомъ бабочки. Она
усадила меня возлѣ себя на высокій стульчикъ и
всѣ принялись за чай, весело разговаривая.

Разумѣется, я ровно ничего изъ этихъ разго-
воровъ не понимала, да и не слушала ихъ.

Сестра все убѣгала куда-то съ Надей; что-то
разсказывала мнѣ, возвращаясь, весело перешеп-
тываясь съ нашей тетушкой, которая была немно-
гимъ старше ея самой, но я ровно ничего не по-
нимала и въ ихъ разсказахъ. Я съ наслажденіемъ
пила свой теплый чай и разсматривала очень вни-
мательно большіе портреты дамъ и мужчинъ, ко-
торые висѣли противъ меня на стѣнѣ.

У одного изъ этихъ господъ былъ тоже голу-
бой сюртукъ, какъ у жандарма, въ передней; у
него только не было усовъ, а вмѣсто бѣлыхъ эпо-
летъ и снурковъ, у него были бѣлые волосы, бѣ-
лое кружево на груди и большая бѣлая звѣзда.
Что за странность! вотъ и у дамы съ розой на
плечѣ тоже высокіе бѣлые волосы!... Отчего это
у нихъ у всѣхъ розовыя щеки и сѣдые волосы?...
думала я.

Мнѣ было такъ хорошо, тепло!...

Лицо мое горѣло. Передъ глазами, смутно гля-
дѣвшими на портреты моихъ прабабушекъ и пра-

дѣдушекъ, носились разноцвѣтные круги, искорки, узоры... Наконецъ, они окончательно слиплись и голова моя упала на столъ.

— А Вѣрочка-то заснула! услышала я надъ собою и вдругъ почувствовала, что кто-то меня осторожно приподнялъ и понесъ...

Мнѣ такъ трудно было открыть глаза и такъ сладко дремалось, что ужь я и не посмотрѣла, кто и куда несетъ меня и совершенно не помню, какъ уложили меня спать.

III.

Крестины куклы.

Много, много счастія и дѣтскихъ радостей помню я въ этомъ миломъ, старомъ домѣ! Хотя въ тотъ пріѣздъ нашъ въ Саратовъ я была такъ мала, что многое слилось въ моей памяти и, быть можетъ, совсѣмъ бы изъ нея изгладилось, еслибъ мнѣ не привелось и въ послѣдствіи долго жить въ этихъ мѣстахъ, съ этими самыми дорогими людьми.

Я уже говорила, что мы называли дѣдушку папой большимъ, въ отличіе отъ роднаго отца нашего, который, конечно, былъ гораздо моложе. Теперь надо еще сказать, что бабушку мы всегда называли бабочкой. Почему—сама не знаю! но такъ какъ я пишу не выдумку, а всю правду о своемъ дѣтствѣ, то не могу называть ее иначе. Вѣроятно объясненіе этому прозванію находилось въ томъ, что бабушка моя, очень умная, ученая женщина, между прочими многими своими занятіями любила собирать коллекціи бабочекъ, знала всѣ ихъ названія и насъ учила ловить ихъ.

Оба они и дѣдушка и бабушка ничего не жалѣли, чтобы тѣшить и забавлять насъ. У насъ всегда было множество игрушекъ и куколъ; насъ безпрестанно возили кататься, водили гулять, дарили намъ книжки съ картинками. Было у насъ также много знакомыхъ дѣвочекъ. Нѣкоторыя изъ нихъ даже учились съ нами вмѣстѣ.

Одну изъ этихъ дѣвочекъ, любимую мою подругу звали Клавдіей Гречинской. Къ ней въ гости я любила ѣздить, потому что у нея было много сестеръ, которыя всегда надаривали мнѣ пропасть куколокъ, сшитыхъ изъ тряпочекъ. Этихъ тряпичныхъ куколокъ я любила гораздо больше настоящихъ, купленыхъ въ лавкахъ куколъ; можетъ быть потому, что сама могла раздѣвать и одѣвать ихъ опять въ разныя платьица, которыхъ у нихъ всегда бывало по нѣскольку.

Вотъ послушайте, какая смѣшная исторія слу-

чилась разъ со мною изъ за такой именно ку-
колки.

Надо вамъ знать, что домъ дѣдушки, который
я ночью приняла за фонарь, былъ въ самомъ дѣлѣ
большой домъ, съ высокими лѣстницами и длин-
ными корридорами. Въ нижнемъ этажѣ жилъ самъ
дѣдушка и помѣщалась его канцелярія. Въ са-
момъ верхнемъ были двѣ спальни: и бабушки, и
тетины, и наши. Въ среднемъ же почти никто не
спалъ: тамъ все были пріемныя комнаты,—зала,
гостиная, диванная, фортепьянная. Ночью всѣ эти
комнаты были совсѣмъ темны и пусты. Другая
дѣвочка, пожалуй, побоялась бы и пойти туда ве-
черомъ одна; но я была очень храбрая и мнѣ не
приходило и въ голову бояться.

Ну, вотъ разъ я вернулась отъ Клавдіи до-
вольно поздно и привезла съ собой въ маленькой,
качавшейся колыбелькѣ крошечную куколку, спе-
ленутую въ простыньки и закрытую краснымъ ат-
ласнымъ одѣяльцемъ. Возлѣ колыбели, въ сте-
кляномъ ящикѣ, въ которомъ она помѣщалась,
лежало бѣлье и платье куколки; все такое крошеч-
ное, что можно было надѣть на мизинецъ. Ужасъ,
какъ я была рада и какъ полюбила свою новую
куколку! Всѣмъ я ее показывала и даже, ложась
спать, положила ее съ собою. Но, прежде этого,
когда я прощалась съ бабушкой, она меня спро-
сила:

— А какъ же зовутъ твою куклу?

Я сильно задумалась и, наконецъ, отвѣчала:— не знаю!

— Какъ же это ты позабыла ее окрестить? улыбаясь продолжала бабочка. Безъ имени нельзя. Надо ее завтра окрестить. Ты меня позови въ крестныя матери.

— Хорошо!... А какъ же: вѣдь надо купель.

— Нѣтъ, купели не нужно. Ты знаешь, что водой не хорошо обливаться. Мы безъ купели окрестимъ ее Кунигундой...

— Фу! Кунигунда—гадкое имя! сказала я. Лучше Людмилой или Розой.

— Ну, какъ хочешь. А теперь иди спать...

Я ушла наверхъ и легла, уложивъ съ собой куклу, но долго не могла заснуть, все думая о будущихъ крестинахъ безъ воды и о томъ, какое выбрать имя?...

Вдругъ, среди ночи я проснулась.

Все было тихо; всѣ давно спали. Возлѣ меня сестра, Леля, мѣрно дышала во снѣ; на другомъ концѣ нашей длинной и низкой дѣтской спала няня, Настасья. По всему полу, по стѣнамъ лежали длинныя, сѣрыя ткани и, казалось мнѣ, таинственно дрожали и шевелились...

Я привстала на кровати и осмотрѣлась.

Тѣни шевелились, то выростая, то уменьшаясь, потому что ночникъ, поставленный на полъ очень нагорѣлъ и пламя его колебалось со стороны на сторону.

Я ужь хотѣла лечь, какъ вдругъ вспомнила о куклѣ, взяла ее и начала разсматривать, раздумывая надъ нею.

«Какъ тихо!... Вотъ бы теперь хорошо окрестить ее! Никто бы не помѣшалъ. А то днемъ и воды не дадутъ... Не встать ли, да въ уголку, около ночника и справить крестины?...»

Я тихонько спустила ноги съ кровати...

«Нѣтъ! Здѣсь нельзя. Няня или Леля проснутся... да и воды нѣтъ!... А внизу вѣдь, въ гостиной и теперь стоитъ, вспомнила я, графинъ, полный воды: бабочкѣ подавали, когда я прощалась и вѣрно его не убрали... Пойти развѣ внизъ?.. а какъ услышатъ?.. Страшно!.. А за то, какъ тамъ теперь можно хорошо поиграть, одной, въ этихъ большихъ комнатахъ! Можно дѣлать все, что захочется... Пойду!»

Я тихонько спрыгнула на холодный полъ, надѣла башмачки, накинула блузу и платочекъ и взяла куклу.

«А темнота? вдругъ вспомнила я. Какъ же играть въ темнотѣ?... внизу вѣдь теперь нигдѣ нѣтъ свѣта».

Я огляделась и увидала на столѣ огарочекъ свѣчи. На цыпочкахъ прокралась я къ нему, взяла и также неслышно, осторожно ступая, перешла комнату и наклонилась, съ замираніемъ сердца, зажечь его къ ночнику.

Уфъ! какъ крѣпко билось мое сердце! Съ какимъ ужасомъ косилась я на спящую няню. Какъ боялась, чтобъ она не проснулась, и какъ я вздрогнула, перепугавшись не на шутку, когда черная шапка нагара, тронутая моимъ огаркомъ, свалилась съ фитиля въ ночникъ и затрещала, потухая...

Насилу я успокоилась и собралась съ силой двинуться съ мѣста. Сколько разъ останавливалась я: со страхомъ прислушиваясь: не проснулся ли кто, не зовутъ ли меня?—я и счетъ потеряла! При каждомъ скрипѣ ступенекъ на лѣстницѣ, не смѣя идти далѣе, я вслушивалась въ какой-то странный шумъ: то былъ шумъ и стукъ моей собственной крови въ ушахъ; а я, слыша, какъ крѣпко колотилось у меня сердце, въ ужасѣ останавливалась, думая, что это стучитъ что нибудь постороннее!.. Наконецъ, лѣстница кончилась. Вотъ и внизу, въ длинномъ, темномъ корридорѣ. Я сдѣлалась смѣлѣй: здѣсь ужь никто меня не услышитъ! Я быстро пошла къ дверямъ залы и взялась за тяжелую мѣдную ручку.

Двери медленно отворились и я очутилась въ огромной, черной залѣ...

Мнѣ что-то стало холодно и мой огарокъ, при свѣтѣ котораго эта страшная зала казалась еще чернѣй и больше, крѣпко дрожалъ въ моей рукѣ.

нока я старалась какъ можно скорѣе пройти ее, къ широко отворенымъ дверямъ гостиной.

— «Ахъ! Что это?» — я чуть не упала отъ испуга на порогѣ гостиной: изъ глубины ея ко мнѣ шла точно такая же, какъ и я, маленькая, блѣдная дѣвочка, со свѣчкой въ рукахъ и вся освѣщенная дрожащимъ пламенемъ, большими, испуганными глазами смотрѣла мнѣ въ лицо!.. Я схватилась за дверь и уронила свой огарокъ...

И дѣвочка, тоже, выронила свой огарокъ!..

«Ахъ! это я себя увидала, въ большомъ зеркалѣ, противъ дверей залы... Господи, какая же я глупая!»

Едва придя въ себя отъ страха, еще вся дрожа, я подняла свой огарочекъ, — хорошо, что, повалившись на бокъ, онъ не потухъ.

Ну, вотъ я и пришла.

Вотъ и вода и стаканъ на столѣ. Теперь только выбрать мѣстечко и играть себѣ хоть до разсвѣта!.. Я сейчасъ же устроилась въ углу, между диваномъ и печкой, подъ большимъ кресломъ, между ножками котораго была моя крестильная зала. Я поставила туда люльку, стаканъ съ водою; вынула куклу и раздѣвъ ее, приготовилась помочить ее въ этой купели. Я видѣла разъ крестины настоящаго ребенка и помнила, что крестная мать его носитъ кругомъ купели три раза. Поэтому и взяла куколку, запѣла, какъ священникъ, «Господи помилуй!»—и начала двумя пальцами обносить ее вокругъ стакана...

Вдругъ мнѣ послышалось за стѣной какое-то движеніе и вслѣдъ затѣмъ: «хр-р-ръ!..» захрапѣлъ кто-то, — въ передней или въ залѣ, — я не разобрала!

Я съежилась и притаилась, забывъ о крестинахъ и о пѣньи и крѣпко сжавъ въ кулакъ несчастную куколку. «Вдругъ это звѣрь», думалось мнѣ и у меня снова заколотилось сердце. Тотъ самый страшный звѣрь, который хотѣлъ съѣсть красавицу въ лѣсу и потомъ на ней женился!.. И... вдругъ онъ захочетъ на мнѣ жениться?!. Фи! глупости какія!—тотчасъ остановила я себя: вѣдь я маленькая. На мнѣ нельзя жениться!.. А если это разбойники?..

«Хр-р-ръ!..» крѣпче прежняго раздалось за дверьми. Тутъ ужъ я думать перестала и, не помня себя отъ страха, бросилась на полъ, подлѣзла подъ диванъ и забилась къ стѣнѣ лицомъ.

«Господи! кто-то идетъ!.. Полъ заскрипѣлъ... Ай-ай! кто-то дышетъ!.. Разбойники?.. Нѣтъ... Звѣрь!!. Да какой черный!...»

Въ ушахъ у меня звенѣло отъ ужаса и въ глазахъ стало темно, но я все-таки однимъ глазкомъ слѣдила за всѣми движеніями чернаго звѣря. Вотъ онъ подошелъ къ стакану, въ который я бросила мою бѣдную куклу... Ай! онъ съѣстъ ее!.. Нѣтъ.

2*

Онъ только понюхалъ стаканъ, засопѣлъ, страшно фыркнулъ — и задулъ мой огарокъ!

Вотъ тутъ-то былъ страхъ! Я лежала подъ диваномъ, ни жива, ни мертва, съёжившись въ темнотѣ и все ожидая, что вотъ-вотъ обланитъ меня страшный, черный звѣрь и съѣстъ совсѣмъ — съ головою. Я хотѣла закричать, но отъ страху не могла. Да и кто меня услышитъ? всѣ спятъ наверху, далеко. О! какъ я раскаивалась въ своей глупости, въ томъ, что ушла сверху сюда ночью, одна...

«Ахъ!..» закричала я вдругъ, почувствовавъ на лицѣ своемъ крѣпкое дыханіе звѣря, ужъ подобравшагося ко мнѣ. «Не ѣшь меня, милый, черный звѣрь! Я отдамъ тебѣ все, все, что ты хочешь, только не ѣшь меня!..»

Но звѣрь, не слушая моихъ просьбъ, лизнулъ мнѣ лицо длиннымъ, горячимъ языкомъ...

Еслибъ у него, вмѣсто языка, показался изо рта огонь, какъ изъ печки, — я бы не могла больше испугаться. Я прислонилась безпомощно къ стѣнѣ и готовилась сейчасъ умереть.

Но... что за чудо? Страшный звѣрь, вмѣсто того, чтобы кусать меня и рвать на части, обнюхалъ меня всю кругомъ, еще разъ лизнулъ мою щеку, зѣвнулъ и легъ рядомъ со мною на полъ.

Я немножко опомнилась

«Что-же это за звѣрь такой?.. размышляла я,

приходя въ себя, словно оттаявая отъ своего страха. Эге!.. Ужь не Жучка ли это, наша добрая черная собака, что всегда ласкалась ко мнѣ во дворѣ?..»

Мнѣ вдругъ стало страхъ какъ весело, даже смѣшно, но вмѣстѣ съ тѣмъ и какъ будто немножко стыдно.

— Жучка! шепнула я, приподнявшись.

Черный звѣрь поднялъ голову, послушно подползъ ко мнѣ и лизнулъ мою руку.

— Жучка! закричала я, ужасно обрадовавшись: ужь какъ же ты меня напугала, негодная!..

И я отъ радости начала обнимать и цѣловать Жучку въ самую морду!.. Въ это время немножко разсвѣло. Окна гостиной сѣрыми пятнами вырѣзались на черной стѣнѣ и чуть-чуть освѣщали комнату. Я выползла изъ-подъ дивана, мимоходомъ захвативъ изъ стакана свою вымокшую насквозь куколку, такъ и оставшуюся все-таки безъ имени, некрещеной, и, не оглядываясь, бѣгомъ пустилась изъ гостиной въ залу, оттуда въ коридоръ, на лѣстницу и перевела духъ только въ своей кроваткѣ.

Тутъ я закрылась съ головою одѣяломъ, потому что вся дрожала, не знаю только, отъ холода или отъ страху?.. Свою бѣдную, чуть не утонувшую, холодную куколку, я положила поближе къ себѣ, стараясь отогрѣть ее, и, засыпая, крѣпкона-крѣпко обѣщала самой себѣ никогда больше не вставать по ночамъ и не дѣлать такихъ глупостей.

Сладко, крѣпко я заснула въ теплой постелькѣ, но утромъ вставать мнѣ было очень стыдно. Жандармъ Игнатій, котораго голубымъ мундиромъ я любовалась въ первый вечеръ нашего пріѣзда, услышавъ на разсвѣтѣ шумъ въ гостиной, вышелъ изъ передней, гдѣ онъ спалъ вмѣстѣ съ Жучкой, и увидалъ, какъ я бѣжала по корридору. Онъ сказалъ объ этомъ людямъ, а тѣ передали нашей нянѣ, Настасьѣ. Старушка нашла въ гостиной люльку и ящикъ съ платьицами моей куколки, замоченныя опрокинутымъ стаканомъ воды и, подобравъ ихъ, вмѣстѣ съ стеариновымъ огаркомъ, пошла все разсказать Антоніи и мамѣ.

Мама очень испугалась и разсердилась и крѣпко бы мнѣ досталось, еслибъ не добрая моя бабочка: она за меня заступилась и взяла съ этихъ поръ спать въ свою комнату.

Всѣ, однако, узнали о ночныхъ моихъ похожденіяхъ и долго подсмѣивались надо мною, а я краснѣла, когда меня называли «полуночницей!»

IV.

Даша и Дуняша.

Послушай-ка, Вѣрочка, сказала разъ бабушка, входя въ диванную, гдѣ я играла съ двумя дворовыми дѣвочками моихъ лѣтъ, Дашей и Дуней! собирайся, — поѣдемъ: я тебя повезу сегодня въ домъ, гдѣ много, много дѣвочекъ.

— Куда это, бабочка? Къ Гречинскимъ или Бекетовымъ?

— Нѣтъ, въ этомъ домѣ ты еще никогда не была; тамъ живутъ и учатся много маленькихъ дѣвочекъ. Мы повеземъ имъ конфектъ и пряниковъ: тебѣ съ ними будетъ весело.

Бабушка вышла.

— Это вѣрно васъ въ пріютъ повезутъ, барышня! шепотомъ сообщила мнѣ Даша, очень умная и хитрая дѣвочка.

— А что это такое—пріютъ? спросила я.

— Это школа такая для бѣдныхъ, простыхъ дѣтей. Тамъ все такія же, какъ мы, дѣвочки; еще хуже насъ! Не знаю, зачѣмъ вамъ туда? Лучше бы съ нами играли.

Я не совсѣмъ поняла значеніе ея словъ и предложила пока продолжать играть.

Игра наша была очень глупая, но она насъ забавляла. Мы ставили соломенный, плетеный стулъ

на солнечное мѣсто и называли блестящіе кру-
жочки, образовавшіеся на полу подъ нимъ,—ви-
ноградомъ. Дуня, простенькая, добрая дѣвочка,
изображала садовника; я приходила покупать ви-
ноградъ, а бойкая Даша представляла вора: она
отдергивала стулъ въ тѣнь, чтобъ кружочки исче-
зали,—что означало, что воръ укралъ виноградъ, и
бросалась бѣжать; а мы вслѣдъ за ней, догонять ее.

Наконецъ, уставъ бѣгать, мы расположились
отдыхать на коврѣ. Даша первая прервала мол-
чаніе.

— И счастливые эти господа, право! объявила
она, отбросивъ за плеча свои густыя, свѣтлыя
косы и обмахивая пятью пальцами разгорѣвше-
ся лицо: хотятъ — спятъ! хотятъ — играютъ! хо-
тятъ — ѣдятъ!.. Умирать не надо!

— А ты развѣ не играешь, не спишь и не
ѣшь? спросила я.

— Когда даютъ—и ѣмъ, и сплю, а не да-
дутъ—такъ и такъ! А вамъ всегда можно: вы ба-
рышня!..

— Хотѣлось бы и мнѣ быть барышней! про-
тяжно заявила Дуня.

— Ишь какая! Кто-жъ бы не хотѣлъ?.. Были
бы мы съ тобою барышни, хорошо бы намъ жить
на свѣтѣ!..

— Да!.. Не надо было бы учиться чулокъ вя-
зать, прервала опять Дуня.

— Какой тамъ чулокъ! Все-бъ играли, да ѣли.

— Ну, что вашъ чулокъ! сказала я. Намъ хуже: намъ сколько надо учиться! И читать, и писать, и по французски, и на фортепьинахъ играть.

— И-и! Это весело: — этому-то учиться, я-бъ рада была! сказала Даша.

— Нѣтъ, а я ни за что! покачала головой Дуня. Страсть, сколько бы надо учиться!

— Еще бы! важно согласилась я. Что такое вашъ чулокъ?—глупость, просто! А намъ ужасъ сколько всего надо знать.

— А вотъ вы и не будете этого всего знать! живо поддразнила меня Даша.

— Какъ не буду? Я ужъ и теперь много знаю...

— Ну, что вы знаете?... безцеремонно прервала меня бойкая дѣвчонка: я, вонъ, умѣю чулокъ вязать: а вы и того не знаете.

— Зачѣмъ мнѣ чулокъ? обиженно протестовала я: я читать должна учиться!

— Да и читать вы не умѣете! Ну, что вы знаете противъ меня?.. Ну, скажите, что я буду васъ спрашивать: откуда на зорькѣ солнышко встаетъ и куда оно вечеромъ прячется?.. А съ чего оно огнемъ горитъ? А откуда снѣгъ, да дождь берутся? А зачѣмъ трава зеленая, а цвѣты разноцвѣтные? Кто ихъ краситъ, а? Ну, скажите-ка! Отвѣчайте на все, что спрашиваю... Ну, что?.. Анъ и не знаете!.. Вотъ и стыдно: ничего-то вы больше меня не знаете. А я больше васъ знаю: чулокъ вяжу!

Пока Даша забрасывала меня вопросами, а я собиралась отвѣчать ей очень сердито, потому именно, что очень хорошо сознавала, что она права, что я никакъ не съумѣю объяснить ея вопросовъ,—вошла няня Наста съ моею шубкой и капоромъ. Даша сейчасъ же замолчала и присмирѣла: она была хитрая и передъ старшими всегда смолкала; я же, бросивъ на нее сердитый взглядъ, очень обрадовалась, что приходъ няни выводилъ меня изъ затрудненія.

Я поѣхала съ бабушкой очень задумчивая.

«Да, думалось мнѣ; многое нужно мнѣ знать, многому научиться. Нехорошо не умѣть ни на что отвѣтить... Вонъ, Даша спрашиваетъ, отчего солнце свѣтитъ; откуда берутся снѣгъ, да дождь? а я и не знаю!.. Ишь, какой снѣгъ, славный! Какими красивыми звѣздочками онъ падаетъ, прелесть! И все разныя!..»

И я принялась разсматривать снѣжинки, которыя кружились въ воздухѣ и садились мнѣ на темную шубку.

— Бабочка, спросила я: отчего это снѣгъ падаетъ такими хорошенькими звѣздочками? Какъ онѣ дѣлаются?

— Богъ ихъ дѣлаетъ такими, отвѣтила бабушка. Онъ все въ природѣ сотворилъ хорошо и красиво.

— А что это такое—природа?

— Природа — это все то, что есть на свѣтѣ Божьемъ. Вотъ этотъ снѣгъ; рѣки, горы, лѣса; лѣтомъ трава и цвѣты; солнце и мѣсяцъ, — все, что мы видимъ вокругъ себя, все это природа, дитя мое.

— Бабочка, скажите мнѣ: — какъ это солнце восходитъ и ложится? И отчего это лѣтомъ тепло, вездѣ зелень, цвѣты, а зимою холодъ и снѣгъ? И отчего это солнце такъ ярко горитъ? залпомъ выговорила я.

— Что это тебѣ пришло въ голову? удивилась бабушка. Это трудно объяснить такой маленькой дѣвочкѣ. Вотъ выростешь, будешь учиться, — многое узнаешь. А теперь довольно тебѣ знать, что все это создалъ Господь-Богъ, который и насъ людей сотворилъ и велѣлъ намъ пользоваться всей природой, чтобъ мы не нуждались ни въ чемъ. Онъ такъ устроилъ, что половину года солнышко долѣе остается на небѣ, горячѣе грѣетъ землю и отъ этого снѣгъ на ней таетъ и на ней выростаютъ травы, фрукты спѣютъ на деревьяхъ, все зеленѣетъ и цвѣтетъ въ лѣсахъ, а на поляхъ созрѣваютъ хлѣба: рожь, пшеница, — все, что ростетъ намъ на пищу и удовольствіе. Эта половина года называется лѣтомъ, когда бываютъ длинные, жаркіе дни и короткія ночи. А другую половину года солнце встаетъ позже, не подымается на небѣ высоко, прячется гораздо раньше и почти не грѣетъ, а только свѣтитъ. Вотъ, какъ теперь: видишь, какъ оно стоитъ низко?..

И бабушка указала мнѣ въ ту сторону, гдѣ почти надъ крышами домовъ блистало красное, но не горячее солнце почти безъ лучей, такъ что я легко могла, прищурившись, смотрѣть на него.

— Оттого-то зимою дни бываютъ короткіе, ночи длинныя и стоятъ холода и морозы...

— Ну, а снѣгъ-то откуда же?... прервала я.

— А развѣ ты не знаешь, что вода отъ холода мерзнетъ? Вотъ, погляди на Волгу: лѣтомъ вода въ ней течетъ, лодки плаваютъ; а теперь по ней люди ѣздятъ въ повозкахъ и саняхъ и пѣшкомъ ходятъ, какъ по землѣ, потому что она покрылась толстымъ слоемъ льда. Ну, вотъ отъ холода же и тѣ капли воды, которыя лѣтомъ упали бы на землю дождемъ, зимою, пока летятъ, замерзаютъ въ воздухѣ и падаютъ на нее снѣжинками. Холодъ же не даетъ имъ растаять, такъ что много, много такихъ снѣжинокъ, слежавшись на землѣ, покрываютъ ее, какъ бѣлымъ одѣяломъ. Снѣгъ — это замерзшій дождь, дитя мое...

— Да отчего-жь снѣжинки-то всѣ такія узорчатыя? опять прервала я очень неучтиво. Капли дождя—просто капли, а вѣдь снѣгъ, посмотрите, какими звѣздами.

— Ну, мой дружокъ, этого нельзя объяснить!

улыбаясь отвѣчала мнѣ бабушка. Тотъ, кто вырѣзаетъ листья на деревьяхъ, кто окрашиваетъ и даетъ разный запахъ цвѣтамъ, тотъ и эти звѣздочки вырѣзываетъ. Ты знаешь, кто это дѣлаетъ?...

— Богъ! отвѣчала я очень тихо.

— Да, моя милая: премудрый и добрый Богъ, все устроившій въ мірѣ красиво и полезно.

— А какъ же, бабочка: развѣ зима полезна?... Лучше бы всегда было лѣто, всегда росли цвѣты, ягоды, фрукты!... Нехорошо, что Богъ сдѣлалъ холодную зиму.

— Нѣтъ, дитя мое: все хорошо, что сотворилъ Богъ. Онъ умнѣе и добрѣе насъ съ тобою. Землѣ, тоже нуженъ отдыхъ, какъ намъ, людямъ нуженъ ночью сонъ. Зимою земля спитъ подъ своимъ пушистымъ, снѣжнымъ покровомъ. Она силъ набирается къ лѣту, чтобы, когда солнышко весной ее пригрѣетъ, снѣгъ растаетъ, теплый дождичекъ пройдетъ въ нее глубоко и напоитъ въ глубинѣ ея корни деревьевъ и травъ,—быть готовой дать человѣку все, что ему отъ нея нужно. Тогда она и выпуститъ изъ себя зелень, колосья, ягоды; все что во всю долгую зиму она заготовила внутри себя, подъ снѣжнымъ своимъ одѣяломъ. А мы, люди, все это будемъ собирать, заготовлять хлѣбъ и овощи, лакомиться ягодами и фруктами, и варить варенья на зиму, чтобъ и зимой, когда земля, все намъ давшая, будетъ отдыхать, было намъ, что кушать. А собирая и кушая, будемъ мы благодарить Бога, все это для насъ создавшаго все такъ хорошо, такъ премудро устроившаго.

— А что это значитъ: премудро?..

— Премудро значитъ очень умно. Вотъ ты у меня теперь не очень мудрая, потому что маленькая: а когда выростешь и всему выучишься ты будешь мудрая.

— Нѣтъ, бабочка! я никогда, кажется, не буду умная. Чтобъ быть умной, надо столько учиться, столько знать.

— Это не очень трудно, дитя мое! Надо только желать научиться и научишься всему, чему захочешь. Вотъ мы и пріѣхали: выходи. Посмотримъ, какъ здѣсь умныя дѣвочки хорошо учатся.

V.

Въ пріютѣ.

Мы вышли изъ саней и вошли въ деревянный, одноэтажный домъ, гдѣ въ небольшой передней насъ встрѣтила старушка Анна Ивановна, надзирательница пріюта. Все было такъ тихо, что я думала, что домъ совершенно пустъ, и очень удивилась, когда, войдя въ слѣдующую комнату, увидала въ ней болѣе двадцати дѣвочекъ.

смирно сидѣвшихъ за работой, за длинными черными столами. Всѣ онѣ были опрятно одинаково одѣты въ сѣрыя платьица и всѣ, какъ одна, встали, когда мы вошли въ комнату, и дружно кланяясь, закричали:

— Добраго утра, Елена Павловна!

— Здравствуйте, дѣтки, привѣтливо отвѣчала бабушка. Всѣ ли здоровы? Всѣ ли умны и хорошо учились? Связана ли моя шерстяная косынка?

— Всѣ здоровы и старались учиться! было дружнымъ отвѣтомъ. Косынка почти готова: Зайцева ее каймой обвязываетъ.

Тутъ хорошенькая дѣвочка, побольше другихъ, встала и подошла показать большой лиловый шерстяной платокъ, въ концѣ котораго еще торчалъ ея деревянный крючокъ. Бабушка похвалила работу и сказала, погладивъ дѣвочку по головѣ:

— Спасибо, Зайчикъ! Я тебѣ за это привезла капустки. Зайчики вѣдь любятъ полакомиться? А вотъ, посмотрите-ка, дѣвочки, какую я вамъ привезла подругу: это Вѣрочка, внучка моя. Хотите съ нею поиграть?

— Хотимъ! хотимъ! закричали дѣвочки; а мнѣ ужасно хотѣлось спрятаться за свою бабочку отъ всѣхъ этихъ незнакомыхъ дѣтей. Но я воздержалась, вспомнивъ, что Антонія постоянно бранила меня за это.

— Идите теперь въ пріемную, дѣти, сказала имъ Анна Ивановна: играйте тамъ съ Вѣрочкой.

Всѣ шумно поднялись, попрятали свои работы и высыпали въ залу, гдѣ окружили меня со всѣхъ сторонъ. Большія становились передо мной на колѣна, обнимали и цѣловали меня; маленькія тянули меня за руки, за платье; трогали мои волосы, бусы, бывшія у меня на шеѣ. Я совсѣмъ растерялась и готова была расплакаться, съ отчаніемъ поглядывая на дверь классной комнаты, въ которой осталась бабушка. Мнѣ казалось, что онѣ разорвутъ меня!

Вдругъ ко мнѣ подошла та высокая, старшая дѣвочка, которую бабочка называла «Зайчикомъ».

— Что это вы дѣлаете? прикрикнула она:— оставьте Вѣрочку! Зачѣмъ вы такъ окружили и надоѣдаете ей?... Подите прочь! Она сама придетъ къ вамъ, когда захочетъ.

Маленькія разсыпались отъ меня, какъ горохъ. Осталось только нѣсколько старшихъ. Зайцева взяла меня на колѣна и успокоила.

— Хотите картинки смотрѣть, Вѣрочка? спросила она.

— Хочу, отвѣчала я: хотя мнѣ хотѣлось только одного: чтобъ поскорѣе пришла бабочка и выручила меня.

Зайцева повела меня за руку въ комнату, гдѣ стояло рядами много кроватей съ чистыми, бѣлыми подушечками и сѣрыми одѣялами. Но когда меня посадили на одну изъ нихъ, постель мнѣ показалась очень твердой, а одѣяла ужасно грубы. Всѣ дѣвочки засмѣялись, когда я сказала, что одѣяла к у с а ю т с я.

— Кусаются? повторяли онѣ, смѣясь. Нѣтъ, ничего! Мы ими ночью закрываемся и онѣ никогда насъ не кусали. Да у нихъ и зубовъ нѣтъ. Кусаются только собаки!...

— Вѣрочка хочетъ сказать, что онѣ шаршавыя, объяснила Зайцева. Но для насъ это ничего не значитъ: онѣ теплыя и мы рады, что онѣ есть у насъ. Дома намъ бы, можетъ быть, и совсѣмъ нечѣмъ было закрыться зимою.

— Къ шелковымъ одѣяламъ изъ насъ никто не привыкъ! замѣтила одна большая дѣвочка вся въ веснушкахъ и съ острымъ носомъ. Она мнѣ очень не понравилась.

— Благодареніе Богу, что суконныя есть! отвѣчала Зайцева, какъ мнѣ показалось, сердито глянувъ на нее. Еслибъ ваша бабушка, Вѣрочка, сюда насъ не взяла и не дала намъ всего, многія изъ насъ могли бы съ голоду умереть.

— Какъ съ голоду? удивилась я. Развѣ у васъ нѣтъ повара, чтобъ сдѣлать обѣдъ?

Всѣ дѣвочки опять надо мною разсмѣялись.

— Какъ не быть поварамъ! вскричала опять остроносая: жаль только, что варить имъ нечего.

— Такъ что-жь! сказала я, чувствуя себя обиженной:—развѣ вамъ бабочка обѣдать варитъ?

Тутъ поднялся такой хохотъ, что всѣ уговоры и сердитыя замѣчанія Зайцевой не могли усмирить его. Дѣвочкамъ показалось уже слишкомъ забавно, что я такую высокую, полную старушку называю бабочкой.

—Какая бабочка? говорили онѣ. Развѣ бабочки готовятъ кушанья?...

Я чуть не плакала и сконфужено пробормотала.

— Я говорю про свою бабочку, про бабушку...

— Развѣ ваша бабушка летаетъ? продолжали онѣ смѣяться.

Но тутъ ужь Зайцева окончательно разсердилась и объявила, что если онѣ сейчасъ не уймутъ своего смѣха и не перестанутъ говорить глупостей, то она пойдетъ и скажетъ начальницѣ. Дѣвочки поунялись и разошлись, фыркая, по угламъ; а Зайцева заговорила, обращаясь ко мнѣ.

— Ваша бабушка такая добрая, Вѣрочка, что другой такой, можетъ быть, и на свѣтѣ нѣтъ! Она обо всѣхъ насъ заботится: мы ей всѣмъ обязаны. Она насъ и кормитъ и одѣваетъ и учитъ. А мнѣ самой — она все дала!... Еслибъ не она — не только я, а моя мать и маленькіе братья и сестры, — всѣ бы умерли отъ холоду и голоду. Мы бѣдные: отецъ мой умеръ, мать — болѣетъ. Гдѣ жь намъ взять денегъ, чтобы жить?...

— А развѣ безъ денегъ жить нельзя? освѣдомилась я.

— Нѣтъ, душечка! вздохнула Зайцева:—безъ денегъ нельзя хлѣба купить, а безъ хлѣба приходится съ голоду умирать. Ну, вотъ бы мы и умерли, еслибъ бабушка ваша не узнала о насъ и сама не пришла къ намъ. Пришла и прежде всего насъ всѣхъ накормила; потомъ прислала доктора и лекарства моей мамѣ. Потомъ меня взяла сюда и двухъ братьевъ отдала въ школу. Потомъ матери дала работу, одѣла всѣхъ насъ... Вотъ, какая ваша бабушка, Вѣрочка! проговорила она со слезами на глазахъ и вся зарумянившись.

Я смотрѣла на нее, притаивъ дыханіе, и слушала, какъ слушаютъ сказку. Я не понимала въ то время причины ея волненія, но чувствовала почему-то, что она хорошая, добрая дѣвочка, и спросила:

— Такъ ты любишь мою бабочку?

— Очень люблю, Вѣрочка!

— А какъ тебя зовутъ?

— Аграфеной. Мать Груней зоветъ меня...

— А мнѣ можно такъ называть тебя?

— Можно, милочка. Отчего нельзя?.. Зовите и вы.

— Груня!.. а зачѣмъ ты говоришь мнѣ вы?.. Это нехорошо. Я такъ не люблю! Говори, пожалуйста, ты?..

— Хорошо... если только ваша мамаша не раз-сердится.

— Вотъ еще? Что ей сердиться? Мнѣ всѣ ты говорятъ. Это какая у тебя книга? Покажи.

Зайцева вынула изъ маленькаго сундучка, сто-явшаго подъ ея кроватью, хорошенькую книгу, но, держа ее въ рукахъ, совсѣмъ забыла, что хотѣла показать картинки. Въ книгѣ оказались разные звѣри и птицы, одѣтые людьми; подъ каждымъ ри-сункомъ была подпись въ стихахъ, часто очень смѣшная. Груня читала мнѣ ихъ, а я смѣялась, глядя на картинки.

— А сама ты не умѣешь еще читать? спросила она.

— Нѣтъ, отвѣчала я, очень покраснѣвъ. Мнѣ нѣтъ пяти лѣтъ: мама говоритъ — рано!

— Разумѣется! Ты еще совсѣмъ маленькая... Я думала, что ты старше.

— А тебѣ сколько лѣтъ, Груня?

— О! я старуха. Мнѣ двѣнадцать лѣтъ. Больше чѣмъ вдвое противъ тебя.

Я очень полюбила Груню Зайцеву и начала просить ее непремѣнно придти ко мнѣ поскорѣе въ гости.

— Поскорѣе нельзя! улыбаясь отвѣчала она. Насъ выпускаютъ только въ воскресенье и празд-ники.

Я стала по пальцамъ считать, сколько еще дней

осталось до воскресенія и мнѣ показалось, что оно такъ далеко, что никогда не настанетъ. Зайцева смѣялась, утѣшая меня, что три, четыре дня скоро пройдутъ. Тутъ вошла бабушка съ Анной Ивановной и я бросилась просить ее, чтобъ Груня пришла ко мнѣ въ воскресенье въ гости.

— Какая Груня? переспросила бабушка. А! Зайцева?.. Вотъ какъ, вы подружились. Ты вотъ кого проси!

И бабушка легонько повернула меня къ начальницѣ пріюта. Та согласилась легко, и я бросилась отъ радости цѣловать Груню.

— А какъ же, Вѣрочка, мы съ тобой забыли наше угощеніе? сказала бабушка. Пойдемте, дѣти, въ залу: тамъ уже все приготовлено.

Мы вернулись опять въ залу, гдѣ на подносѣ стояли привезенныя бабушкой лакомства. Она сама раздала пряники и яблоки всѣмъ дѣвочкамъ по ровну, не забывъ отложить всего на особую тарелку для надзирательницы.

— А что, дѣтки, сказала бабочка на прощаніе, пріютскимъ дѣвочкамъ:—не споете ли вы намъ пѣсенку?...

— Какую прикажете, Елена Павловна?

— Все равно. Какую вы лучше знаете. Только по русски, хороводомъ, какъ я люблю.

И дѣвочки стали всѣ въ кругъ, взявшись за руки, и дружно запѣли:

«Ужь я золото хороню, да хороню!
Чисто серебро стерегу, да стерегу».

Груня и тутъ отличилась: она была запѣвалой, стояла среди круга и управляла хоромъ.

Весело мнѣ было возвращаться изъ пріюта. Я
ужь не думала ни о солнцѣ, ни о зимѣ, ни о лѣтѣ,
а только о дѣвочкахъ и о милой Грунѣ, которая
придетъ ко мнѣ въ воскресенье и опять будетъ читать мнѣ стихи и пѣть пѣсни.

И, въ самомъ дѣлѣ, она пришла въ воскресенье
и стала часто приходить и занимать меня чтеніемъ и разсказами. Она пробовала даже научить
меня вязать изъ шерсти шарфики моимъ куклам ъ;
но я была очень непонятливая ученица и дѣло
всегда кончалось тѣмъ, что Груня сама вывязывала всякую начатую для меня работу и прекрасно обшивала моихъ куколъ.

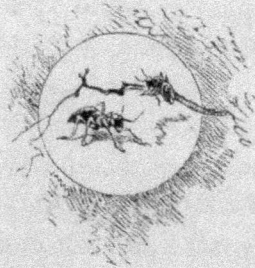

IV.

Няня Наста.

удесная старушка была наша няня. Она была стара: она вынянчила еще мою маму, дидю и тетей; а теперь, когда мы пріѣзжали къ бабушкѣ, она по старой памяти всегда вступала въ свои права и няньчилась съ нами. Все въ домѣ не только любили и уважали ее, но многіе и побаивались. Няня безъ всякаго гнѣва или брани умѣла всѣмъ внушить къ себѣ уваженіе и страхъ разсердить ее. Мы, дѣти, боялись ея недовольнаго взгляда, хотя няня не только сама никогда не наказывала, а терпѣть не могла даже видѣть, когда насъ наказывали другіе. Съ большимъ трудомъ переносила она наше очень рѣдкое стояніе въ углу или на колѣнахъ; а ужъ если, бывало, замѣтитъ, что насъ—не дай Богъ! посѣчь собрались,—не прогнѣвайтесь! будь это мама или папа, няня Наста безъ церемоніи насъ отыметъ, не дастъ! Съ мамой-то она совсѣмъ не церемонилась.

— Это что ты выдумала? прикрикивала она на нее въ этихъ рѣдкихъ оказіяхъ;—мать твоя тебя выростила, я тебя выняньчала и ни одна изъ насъ тебя пальцемъ не тронула! а ты своихъ дѣтей сѣчь?!. Нѣтъ, матушка! Я тебя николи не била и твоихъ дѣтей тебѣ не дамъ бить!.. Не взыщи, сударыня. Дѣтей надо брать лаской, да уговоромъ, а не нинькими, да шлепками... Шлепковъ то, поди, каждый имъ съумѣетъ надавать; а отъ матери родной не того дѣтямъ нужно!..

И такъ разбранитъ за насъ Наста маму, какъ будто она и Богъ вѣсть какая строгая была. Оно правда, что мама становилась всегда построже, когда мы пріѣзжали къ бабушкѣ, ужаснѣйшей баловницѣ нашей; именно потому что боялась, что она насъ совсѣмъ избалуетъ.

Часто, бывало, няня отыметъ насъ, уведетъ отъ сердитой мамы въ другую комнату, а сама вернется, чтобъ еще ее хорошенько за насъ побранить: а мама весело-превесело разсмѣется надъ ея гнѣвомъ, такъ что и старушка не выдержитъ и, забывъ о томъ, что мы недалеко, хохочутъ обѣ, сами надъ собой, не зная, что и мы тоже смѣемся вмѣстѣ съ ними...

Не только ребенка, а каждое Божье созданіе няня жалѣла и берегла. Не дай Богъ было при ней убить паука или мушку, или равнодушно наступить на какого нибудь жучка.

— Ну и что тебѣ съ того? сердито вопрошала она убійцу: всѣхъ, вѣдь, не перебьешь! Ты убилъ одного,—а на тебя налетятъ десять. Вѣдь ты ей жизни отнятой назадъ вернуть не можешь? Убить-убьешь, а воскресить-то не съумѣешь? Не твоего это ума дѣло?.. Ну, такъ и убивать не смѣй. Пущай себѣ живутъ: коли Богъ имъ жизнь даровалъ, значитъ, они на что нибудь да нужны.

Точно также сердилась няня, видя, что кто нибудь животное обижаетъ. Ужъ какая вѣдь добрая была, а всегда, бывало, замахнется чѣмъ попало и бѣжитъ своими мелкими, старушечьими шажками отымать несчастную кошку, щенка или птичку.

— Вотъ я тебя, негодникъ (няня ни съ кѣмъ не церемонилась и всѣмъ въ домѣ, кромѣ дѣдушки и бабушки, говорила ты)! Ишь вѣдь обрадовался, что силы больше,чѣмъ у котенка, и ну обижать!.. а ну, какъ у меня больше силы, чѣмъ у тебя?.. Вотъ и тебя сейчасъ поймаю, да и отдую, здорово живешь!.. Что-жъ умна я буду? А тебѣ-то сладко придется?.. Срамъ какой!.. Не озорничай! Оставь въ покоѣ Божью тварь, чтобъ Господь на тебя самого не прогнѣвался и не наказалъ за свое твореніе.

Вотъ какова была наша няня Наста,—а всетаки мы ее боялись! Какъ она бывало серьезно глянетъ изъ подъ сѣдыхъ бровей своихъ, да покачаетъ строго головою, такъ хуже и наказанія не надо!.. И хочется попросить няню, чтобы не сердилась и страшно подойти къ ней, пока она сама не взглянетъ ласковѣй и не подзоветъ къ себѣ. Въ ея гнѣвѣ, было что-то особенное, какая-то особая сила. Не было возможности разсѣяться, забыть, что она сердится: какая-то тяжкая скука на насъ нападала во время ея гнѣва. А какъ только смягчалась няня и на ея строгомъ, съ мелкими правильными чертами, лицѣ появлялась улыбка,— все будто бы разомъ прояснялось и веселѣло кругомъ.

Няня не однихъ насъ, а вообще всѣхъ дѣтей любила и жалѣла. Вѣчно, бывало, она вязала чулочки, фуфаечки, теплыя шапочки для какихъ нибудь бѣдныхъ дѣтей. Она плохо видѣла: шила съ трудомъ, но вязала искусно. Поэтому она всегда бралась вывязывать по нѣскольку паръ чулокъ для горничныхъ дѣвушекъ съ тѣмъ, чтобъ онѣ ей сшили какую нибудь работу и работа эта почти всегда бывала бѣлье, платьице или одѣяло для ребенка.

Въ нашей дѣтской была печка съ большой лежанкой. Я всегда удивлялась, зачѣмъ это няня вѣчно складываетъ на ней узелки съ нашими старыми платьями и башмаками? Она никогда не говорила намъ, что все это припасаетъ для встрѣчныхъ бѣдныхъ дѣтей.

Я гораздо позже объ этомъ узнала.

Няня была хорошая сказочница. Она знала

множество сказокъ и разсказывала ихъ отлично. Мы всѣ были ужасно рады, когда намъ удавалось упросить ее разсказать намъ сказку, что было не совсѣмъ легко. Ее для этого надо было долго уговаривать, а если она была сердита или чѣмъ нибудь опечалена, то ни за что не соглашалась.

Разъ мы очень пристали къ ней: «разскажи няня, да разскажи сказку!»

— Что вы? Господь съ вами! отвѣчала няня:— нынче суббота,— всенощная въ Божіихъ храмахъ идетъ, а я имъ сказки стану сказывать!.. Нѣтъ, дѣтки, сегодня никакъ нельзя. Завтра,— дѣло иное! А субботній вечеръ — вечеръ святой. По субботамъ надо молиться Богу, а не выдумки разсказывать.

— Вотъ, я сейчасъ затеплю у образовъ лампадку, а Наденька или Леля Евангеліе-бы громко прочли. Вотъ, это бы дѣло было!

— Нѣтъ, няня; я въ театръ поѣду съ Катей и съ Леничкой (такъ тети называли мою маму). И Лелю мы съ собой возьмемъ, отвѣчала тетя Надя.

Леля запрыгала отъ радости и побѣжала къ мамѣ, узнавать, не пора ли одѣваться; а няня крѣпко заворчала.

— Ишь, нашли время комедіи смотрѣть! Срамъ какой, во время службы Божіей по театрамъ разъѣзжать. Вѣдь ужь слава Господу,— не махонькія: должны бы понимать. А ужь Еленѣ Павловнѣ просто стыдно не удержать дѣвчонокъ.

Няня часто, по старой памяти, тетей и даже мою маму называла «дѣтьми» и «дѣвчонками».

— Эхъ ты, Наста! воркотунья ты старая! откликнулась, услышавъ ея слова, изъ другой комнаты бабушка: —полно тебѣ ворчать! Какой тутъ грѣхъ,—въ театръ ѣздить?.. Можно всему время найдти: и удовольствію, и молитвѣ.

— То-то я и говорю, сударыня, что всему свое время: бываетъ часъ молитвѣ и часъ веселью, не унималась няня. Субботній вечеръ, извѣстно, вечеръ святой! Божій вечеръ... Добрые люди недаромъ говорятъ: «что во всѣ дни трудись, въ субботу Богу молись, а въ седьмой день, помолясь веселись.» Православные люди такъ-то дѣлаютъ.

— Э! полно, голубушка! прервала ее бабушка: —оставь молодежи веселье; а мы съ тобой, старухи, будемъ за нихъ молиться. Будетъ имъ время дома сидѣть, когда жизнь надоѣстъ, а пока весело имъ—пусть веселятся во всякъ день и часъ!.. Весельемъ мы Бога не прогнѣваемъ.

И бабушка принялась за свое прерванное занятіе, а Наста еще долго качала сѣдой головой и хмурилась, ворча себѣ что-то шопотомъ. Она тогда только унялась, когда, крестясь и вздыхая, принялась заправлять лампадку у кіота.

Я смирно притаилась въ уголку, въ темной амбразурѣ глубокаго окна и оттуда пристально слѣдила за няней.

Ярко освѣщенное лицо ея, темное, съ глубоки-ми морщинами смотрѣло серьезно и даже какъ будто немного сердито. Ея худенькое, какъ палка, прямое тѣло, одѣтое въ темный ситецъ и черную фланель, казалось мнѣ какой-то тоненькой, дере-вянной подставкой къ низко опущенной головѣ, съ выбившимися изъ подъ темнаго платка, повя-заннаго шлычкой, сѣдыми какъ лунь, волосами. Она засвѣтила фитиль лампады, осторожно под-тянула ее вверхъ по снурку, закрѣпила конецъ на гвоздикъ и мѣрно сдѣлала два шага назадъ, не спуская глазъ съ сіявшихъ высоко въ углу обра-зовъ. Суровое лицо ея разгладилось и смягчилось выраженіемъ доброты и чего-то другаго еще,— ка-кого-то непонятнаго мнѣ, въ то время, глубокаго чувства, которое словно освѣтило ее всю, въ то время какъ она, шепча молитву, осѣняла себя ши-рокимъ русскимъ крестомъ.

Я сидѣла не шевелясь, заложивъ въ недоумѣ-ніи два пальца въ ротъ, и не сводила съ нея глазъ.

«Была няня Наста когда нибудь молодой?.. размышляла я. И... неужели она также была и маленькой?!. Какая же она тогда была?»

Я закрыла глаза и старалась представить себѣ нянино лицо ребячьимъ или хоть молоденькимъ, румянымъ, веселымъ... Старалась—но никакъ не могла!

«Бѣгала она? смѣялась? шалила, когда нибудь?.. продолжались мои размышленія. Или она всегда была, какъ теперь?.. Это не можетъ быть: она тоже прежде была маленькой, какъ я. И неужели... Неужели и я буду когда нибудь такая же черная, сѣдая?.. Можетъ ли быть, чтобъ и я сдѣлалась такой старухой?..»

— Вѣрочка! услыхала я вдругъ голосъ бабушки. Поди сюда! Что ты тамъ дѣлаешь?

Я неохотно, медленно слѣзла съ окна на полъ и пошла въ другую комнату, по дорогѣ все оглядываясь на молившуюся няню.

— Иди ко мнѣ, Вѣрочка, подозвала меня къ своему рабочему столу бабушка:—посиди со мной. Няня вѣрно молится? Не надо мѣшать ей.

— Я не мѣшаю, бабочка!

— Ну, все равно: не ходи къ ней. Вотъ тебѣ кастеты: раскладывай ихъ, подбирай по картинкамъ.

И бабушка, которая сама всегда бывала занята и умѣла найти всѣмъ дѣло—и большимъ, и маленькимъ, съ особеннымъ искусствомъ, придвинула мнѣ ящикъ съ игрой, называемой casse-tête. Вы вѣрно знаете ее, дѣти?.. Она состоитъ изъ многихъ разноцвѣтныхъ кусочковъ дерева или картона, прямыхъ и треугольныхъ, изъ которыхъ можно составлять разные узоры и рисунки, по нарисованнымъ бумажкамъ, или самимъ выдумывать новые.

VII.

Нянина сказка.

На другой день, только что мы встали изъ за стола, а обѣдали мы поздно, зимою при свѣчахъ, всѣ мы, не исключая и тети Нади, бросились просить няню исполнить ея обѣщаніе. Она сидѣла въ дѣтской и смотрѣла на трещавшій въ печи огонь; чуть ли даже она не задремала, потому что вздрогнула и испугалась, когда мы разомъ вбѣжали и набросились на нее:

— Няня! сказку. Пожалуйста, хорошую сказку!..

— Ну-ну! Полно кричать, чего вы?.. я думала нивѣсть что!.. Погодите. Разскажу ужо, когда вечеръ придетъ.

— Да какой же еще вечеръ? Теперь ужь совсѣмъ темно, протестовали мы.

— Папа большой спать ужь пошелъ! сказала я, для которой все время во дню измѣрялось тѣмъ, что дѣлалъ дѣдушка.

Впрочемъ дѣдушка не для одной меня, а для всего дома могъ служить вѣрнѣйшими часами, до того былъ аккуратенъ. Папа большой кофе пьетъ,—значитъ шесть часовъ утра; закусить поднялся наверхъ,—двѣнадцать часовъ ровно; обѣдать пришелъ—четыре; проснулся и вышелъ въ залу походить и съѣсть ложечку варенья—ровнехонько семь часовъ вечера, а приказалъ чай подавать—половина десятаго. Послѣ этого часокъ или два дѣдушка проводилъ въ гостиной, гдѣ всякій вечеръ были гости; игралъ въ вистъ или бостонъ, но аккуратно въ одиннадцать уходилъ къ себѣ внизъ, гдѣ еще немного занимался и ложился спать.

Къ этому порядку такъ всѣ въ домѣ привыкли, что когда я сказала: «папа большой ужь ношелъ спать!» всѣ поняли что ужь шестой часъ.

— Послѣ позовутъ чай пить, говорили Надя съ Лелей, ты не успѣешь и кончить сказку, что право!..

— Ну хорошо, хорошо, баловницы! сказывайте, какую вамъ сказку говорить-то?

— Все равно! какую хочешь, няня. Говори, какую сама знаешь.

— Про Ивана Царевича, предложила я.

— Ну! эту мы на память знаемъ, сказала Надя.

— Ты бы ужь лучше про мальчика Ивашку и бабу-ягу костяную-ногу попросила, засмѣялась надо мною Леля. А ты, няня, разскажи новую!

— Охъ! ужь ты—новая! все-бъ тебѣ новости! укоризненно замѣтила няня. Ну, садитесь по мѣстамъ и слушайте!

Мы поставили себѣ стулья полукругомъ у лежанки и ждали, сидя смирно и молча: мы знали, что няня не любитъ, когда прерываютъ ея мысли въ то время, какъ она собирается «сказку сказывать». Въ длинной, невысокой дѣтской не было свѣта, кромѣ яркаго огня въ печи. Няня его еще хорошенько взбила кочергой, потомъ сѣла, какъ разъ напротивъ яркаго свѣта и, положивъ руки вдоль колѣнъ, устремила глаза на огонь и задумалась.

Мы переглянулись, словно хотѣли сообщить другъ другу: «вотъ сейчасъ, сейчасъ начнетъ!..»

Вдругъ няня встала и пошла къ дверямъ на лѣстницу.

— Няня! Настя! кричали мы всѣ въ недоумѣніи и горѣ: куда ты? Что же это такое!...

Няня не отвѣчала, а только успокоительно кивнула головой и вышла.

Леля тихонько вскочила и на цыпочкахъ побѣжала за ней.

— Ты куда?! прикрикнула на нее няня изъ нижняго корридора. Пошла на свое мѣсто!

Сестра, смѣясь, въ припрыжку вернулась къ намъ и сказала:

— Я знаю, зачѣмъ она пошла: навѣрное принесетъ какого нибудь лакомства.

Я запрыгала отъ радости, потому что была ужасная лакомка; но старшія прикрикнули, чтобъ я сидѣла смирно. Няня скоро вернулась и мы сразу увидѣли, что она несетъ что-то въ своемъ черномъ каленкоровомъ передникѣ.

— Что у тебя тамъ, няня? спросила я, вско-
чивъ и заглядывая.

— Подожди, сударыня! Все будешь знать—
скоро состарѣешься. А вы всѣ встаньте-ко, да ото-
двиньтесь, на часокъ, отъ печки.

Мы живо отодвинулись и ждали: что будетъ?

Няня нагребла на самый край печи мелкихъ,
горячихъ углей и посыпала на нихъ чего-то изъ
передника...

Тр-тр-тръ! пуф-фъ! защелкало и защипѣло
что-то въ печкѣ и вдругъ изъ нея къ нашимъ но-
гамъ поскакали какія-то желто-бѣлыя, подруми-
неныя, пухлыя зерна... Я бросилась было ихъ со-
бирать, но няня закричала: «Не тронь! Обож-
жешься!» и я опять сѣла, удивленная.

— Это кукуруза, шепнула за спиной моей Даша.

— Кукуруза?.. Это что такое?

— Сухія, кукурузныя зерна. Они на огнѣ раз-
дуваются и лопаются, оттого такъ трещатъ и
сами изъ печки выскакиваютъ, объяснила она
мнѣ; а Дуняша прибавила шопотомъ:—Они по-
томъ, когда остынутъ, чудо какія вкусныя.

Обѣ онѣ съ восторгомъ слѣдили за всей этой
сценой, но говорили шопотомъ, потому что няня
не любила, когда дѣвочки много, при насъ, бол-
тали.

Зерна то и дѣло съ трескомъ вылетали изъ
печки и падали то на полъ, то къ намъ на колѣ-

на, заставляя насъ съ крикомъ и смѣхомъ пры-
гать въ сторону.

— Точно изъ пушекъ стрѣляетъ! не совла-
давъ съ собою, восторженно вскричала Даша.

— Смотри, чтобъ-те языкъ-то не отстрѣлило!
тотчасъ-же сурово остановила ее няня.

— Ну, дѣтки, вотъ и мое угощеніе готово: сби-
райте-ка, да грызите, пока я стану разсказывать.
Все-же веселѣй, чѣмъ такъ-то сидѣть и слушать,
ничего не дѣлая.

Мы живо подобрали каленую кукурузу, кото-
рая намъ показалась очень вкусной; разсѣлись
снова полукругомъ и, съ большимъ удоволь-
ствіемъ грызя ее, приготовились слушать.

Няня посидѣла немного молча, потомъ выпря-
милась и сказала:

— Разскажу я вамъ нынче сказку про попа и
ужа.

Мнѣ очень хотѣлось спросить: что такое —
ужъ? но я не посмѣла прервать няни и послѣ
узнала, что это такая змѣя.

Няня начала мѣрнымъ, пѣвучимъ голосомъ,
раскачиваясь на стулѣ и глядя не на насъ, а ку-
да-то вдаль, поверхъ нашихъ головъ, съ совсѣмъ
особенной разстановкой, будто бы стихи говорила;

— Называется сказка моя:
ИВАНЪ-БОГАТЫРЬ И ПОПОВСКАЯ ДОЧЬ.

«Въ нѣкоторомъ царствѣ, въ нѣкоторомъ го-

сударствѣ жилъ да былъ удалой молодецъ, князь
Иванъ-Богатырь. У того-ль удальца молодца бы-
ла сила крѣпкая, сила страшная! Всѣ боялись его:
на сто верстъ кругомъ, всѣ разбойники разбѣжа-
лися...»

«Разъ пришелъ къ нему деревенскій попъ;
проситъ—молитъ его—дочку выручить! А ту доч-
ку его лиходѣй увезъ: старый воръ-Черноморъ,
что волшебствовалъ, околдовывалъ и разбойни-
чалъ много лѣтъ въ ихъ мѣстахъ».

«Не задумался добрый молодецъ.—«Ужь какъ
я-же его угощу ладкомъ! онъ возговорилъ: поза-
будетъ воръ красныхъ дѣвокъ красть! Осѣдлалъ
Иванъ коня быстраго; въ руки взялъ кистенекъ,
вѣсомъ въ десять пудъ и поѣхалъ себѣ по дорогѣ
въ лѣсъ».

«А за лѣсомъ тѣмъ, въ страшномъ притонѣ,
жилъ колдунъ Черноморъ. Подъѣзжаючи къ его
терему, увидалъ Иванъ частоколъ кругомъ. Ча-
стоколъ тотъ былъ весь унизанъ вплоть черепа-
ми-костьми лошадиными, да бычачьими».

«Подъѣзжалъ Иванъ къ тесовымъ воротамъ,
колотилъ и кричалъ во всю моченьку... Показа-
лася за стѣной голова. Не людская то голова была:
лошадиная,—побѣлѣвшая отъ вѣтровъ, отъ дож-
дей; только черепъ одинъ мертвой лошади...»

— «Что понадобилось, добру молодцу?.. Или смер-
ти своей ты пришелъ искать? она молвила гром-

жимъ голосомъ, громкимъ голосомъ—человѣчіимъ. И захлопала бѣлой челюстью, словно
съѣсть его собираючись.»

— «Нѣтъ, не смерти своей я пришелъ искать,
башка мертвая лошадиная! Отпирай запоръ, да
впускай меня... Красну-дѣвицу, дочь поповскую
я пришелъ сыскать, у вора отнять, — проучить
его не разбойничать!»

— «Охъ! какой богатырь! засмѣялася башка
мертвая: видно ты еще не отвѣдывалъ черноморскаго хлѣба съ солію?.. Убирайся-ко пока цѣлъ
отъ насъ! А не то сейчасъ Черноморъ тебя на
куски разнесетъ: тѣло исамъ отдастъ на съѣденіе,
а головушку неразумную высоко на колъ вздернетъ онъ на заборъ... Оглянись ты кругомъ,—посмотри: частоколъ изъ чего у насъ? Мыслишь то
черепа лошадиные?.. Нѣтъ, соколикъ: они человѣчіи.., То головки все молодецкія. Околдованы Черноморомъ злымъ, имъ убитые добры-молодцы; его вороги, какъ и ты теперь вызывавшіе
его въ бой честной... Уходи-жь ты скорѣй, пока
спитъ злодѣй; какъ проснется онъ, не уйдешь
тогда!..»

«Разсердился князь и мечомъ потрясъ.»

— «Замолчишь ли ты, башка глупая?.. Жаль
убить нельзя пустой черепъ твой... Ну, скорѣй
отворяй! А не то какъ разъ расшибу ворота и
тебя за одно!»

«Отвѣчала ему башка бѣдная, тяжело вздохнувъ:»

— «Быть по твоему, богатырь удалой! Отопру тебѣ, только слушай меня: я не мертвый конь, — человѣкъ я живой!.. Зачарованъ я колдуномъ лихимъ, чтобъ казаться такимъ всѣмъ людямъ честнымъ... Отопру тебѣ я, лишь съ условіемъ: если ты побѣдишь врага лютаго, — не забудь и меня, подъ подушкой его лежатъ ключики, — каждый вѣсомъ въ пудъ: не забудь ты ихъ, забери съ собой! Какъ однимъ ты ключемъ отопрешь подвалъ: а въ подвалѣ томъ моя душенька, человѣчій. Она вылетитъ, возвратится ко мнѣ, стану я опять добрымъ молодцемъ!.. Какъ второй-то ключъ самого тебя изъ бѣды спасетъ: за нимъ заперта жизнь злодѣйская, — запасная жисть чародѣйская... Если ты его, князь, и убьешь теперь, да волшебный ключъ позабудешь взять, жаба, мать его, изъ земли сырой тотчасъ выползетъ: ключъ возьметъ, — отопретъ во норѣ своей ларчикъ спрятаный, гдѣ хранится у ней пузырекъ съ водой, съ не простой водой, — а съ водой живой! Той водой она, какъ дотронется до убитаго, встрепенется онъ и душа его возворотится... Оживетъ тогда злой колдунъ-Черноморъ и погонится за тобою вслѣдъ. Жди тогда бѣды, горя лютаго!»

— «Ну, болтай себѣ! отвѣчалъ Иванъ. Разболтался какъ пустой черепъ твой!.. Отпирай ско-

рѣй, не замай меня!.. Расходилася, раззудилася рука крѣпкая молодецкая. Поиграть мечомъ за-
хотѣлось мнѣ!.. Ужъ какъ
съѣзжу его вдоль по че-
репу, не поможетъ ему
жабы знахарство: не воз-
станетъ онъ, не отды-
шется!»

«Отперлись ворота, въ
нихъ проѣхалъ князь...»

«Онъ ударился прямо
къ терему, вызывалъ
колдуна громкимъ голо-
сомъ:»

— «Эй, колдунъ, вы-
ходи! Дай помѣримся съ
тобой силою. Богу я по-
молюсь, а ты въ помощь
зови силу черную, чаро-
дѣйскую.»

«Услыхалъ Черно-
моръ, вскипѣлъ злобою!
Онъ затрясся весь и ду-
бину взялъ.— «Хорошо, молодецъ: мы помѣримся,
—распотѣшимся!» онъ Ивану сказалъ. грянувъ въ
встрѣчу ему. Тутъ Иванъ принималъ грудью во-
рога: онъ кистень свой поднялъ, замахнулся имъ:
въ душѣ крестъ сотворилъ—и отвелъ отъ себя ту

дубину врага!.. Налеталъ на него много разъ Черноморъ; но Иванъ, все крестясь, съ Божьей помощью поборолъ наконецъ злого недруга. Повалилъ онъ его и ногой ему наступилъ на грудь... Тогда вынулъ мечъ свой и имъ голову пополамъ раскроилъ колдуну!..»

Няня вдругъ замолчала. Мы сидѣли, вытянувъ шеи, и не сводили съ нея широко открытыхъ глазъ. Я помню, что я даже ротъ открыла отъ ожиданія и страха за участь бѣднаго Ивана-Богатыря. Всю сказку она говорила мѣрно, однообразнымъ голосомъ и только послѣднія слова проговорила сильнѣе, такъ что, когда она замолчала, у меня духъ захватило въ горлѣ...

— Няня! Что-же ты? тоскливо проговорила я.

Няня не шевельнулась. Она пристально смотрѣла въ огонь и, казалось, о насъ забыла. Пламя теперь уже не вспыхивало такъ ярко и свѣтло, какъ въ началѣ ея разсказа, а обливало всѣхъ насъ въ особенности морщинистое лицо няни красноватыми, неровными отблесками, которые таинственно перебѣгали по темной комнатѣ; то вспыхивая, то потухая въ самыхъ отдаленныхъ углахъ. Я припала къ нянѣ и опять спросила:

— Ну, что же дальше, няня? говори же!

— Няня! Насточка! пристала и Леля съ Надей: что же ты остановилась.?..

— А то, что довольно на сегодня, вотъ что! Будетъ съ васъ! рѣшительно сказала няня.

— Да какъ-же довольно? Гдѣ же попъ? Гдѣ же ужъ?.. Какъ-же можно сказки не кончить?

— А такъ и не кончу. Нехорошо дѣтямъ сказокъ подъ ночь долго заслушиваться. Ишь, вонъ Вѣрочка-то и глазенки на меня какъ выпучила, словно испугалась. Полно, родная моя! Вѣдь это сказка! пустякъ!..

— Ну, пустякъ, такъ и доскажи до конца! просила ее Леля.

— Сказано не доскажу — и будетъ съ тебя, вертунья! разсердилась няня. Въ другой разъ окончу. Оправьтесь-ка, да ступайте внизъ: никакъ баринъ ужь пришелъ въ залу.

VIII.

Конецъ няниной сказки.

Только въ слѣдующій вечеръ узнали мы, что произошло впослѣдствіи съ Иваномъ и поповской дочкою.

— «Захрапѣлъ Черноморъ, на Ивана взглянулъ — и издохъ!» такъ, ровно чрезъ сутки продолжала упрямая наша старушка свой разсказъ.

Тогда князь Иванъ-Богатырь отправился искать по терему красную дѣвицу, совершенно забывъ о наказѣ лошадиной головы, и насилу ее разыскалъ въ высокой свѣтелкѣ: она спряталась тамъ, ожидая что придетъ злой колдунъ, и совершенно теряется при видѣ нежданнаго красавца. Онъ же, вообразивъ, что она отъ него «схоронилася», гнѣвается, что дѣвица такъ отвѣчаетъ въ благодарность за его подвигъ и услугу и, разсердившись, даже не глядитъ на нее; а она не осмѣливается, видя гнѣвъ его, объяснить ему въ чемъ было дѣло и молча, послушно садится съ нимъ на коня его. Такъ они доѣзжаютъ до погоста, гдѣ Иванъ сдаетъ поповну отцу ея и матери и, не слушая ихъ благодарностей, возвращается «шагомъ тихимъ въ свою отчину»... Между тѣмъ бѣдный молодецъ, «обороченный приворотомъ злымъ въ коня мертваго»,—т. е. та голова лошадиная, что предупреждала богатыря о ключахъ,— оказывается правой: едва выѣхалъ онъ, съ Аннушкой за сѣдломъ, изъ воротъ Черномора, какъ «жаба, мать его, изъ норы выползала своей, брала ключики тѣ волшебные» и спѣшила скорѣй за водой живой. Вода эта мигомъ затянула раны и возвратила сына ея, чародѣя, къ жизни, и онъ, не долго думая, погнался за Иваномъ, настигъ его на мосту, у лѣска, возлѣ его усадьбы, и, обратившись «въ силу черную, силу страшную, заградилъ ему путь» и... тутъ-то и произошло самое интересное событіе во всей няниной сказкѣ:

«Что-то жуткое съ княземъ сталося! голова его закружилася, потемнѣло въ глазахъ... Богатырскій мечъ изъ руки упалъ; ничего не видалъ, ничего не слыхалъ бѣдный витязь и вдругъ, какъ-то смалился и... съ коня соскользнулъ, прямо въ рытвину... Бѣдный молодецъ, князь Иванъ-Богатырь впалъ въ безпамятство. Онъ и самъ не зналъ сколько тутъ пролежалъ, но опомнившись, захотѣлъ своей душой, хоть въ могилѣ сырой, свое горе сокрыть: онъ заснулъ молодцомъ, а проснулся—*ужомъ*!... Завернувъ длинный хвостъ, ужъ забился подъ мостъ и задумался»...

И было чего думать! Злой колдунъ вообразилъ, что онъ Аннушку увезъ, потому что самъ ее любитъ, и, чтобы на вѣки разрушить его счастіе, объявилъ, что онъ на всегда останется змѣей; что до той поры не бывать ему человѣкомъ опять, пока его, «гада скернаго, змѣя лютаго» не полюбитъ красна дѣвица. Нѣсколько часовъ бѣдный околдованный богатырь продумалъ о своемъ несчастіи и о томъ, что не бывать бы этой бѣдѣ, еслибъ онъ былъ не такъ самонадѣянъ и забывчивъ, послушался бы лошадинаго черепа и захватилъ съ собою золотые ключи. Вдругъ онъ слышитъ, что на мостъ, надъ нимъ кто-то выѣхалъ: это былъ попъ, отецъ Аннушки, со своей женой...

«Тутъ нашъ ужъ вылѣзалъ, попу путь заграж-
далъ и хвостомъ онъ махалъ и сердито кричалъ:
Попъ, постой-погоди! ты съ телѣжки сходи, что-
бы съѣсть мнѣ тебя вольной-волею! А не слѣ-
зешь,—я съѣмъ не тебя одного, а съ тобою и
мать-попадью!»

Попъ начинаетъ упрашивать его не ѣсть ихъ,
предлагая дать за себя, какой угодно выкупъ. Ужъ
требуетъ одну изъ дочерей попа въ жены себѣ и,
возвратясь домой, попъ начинаетъ убѣждать стар-
шихъ своихъ дочерей обвѣнчаться со змѣей, жа-
лѣя меньшую, Аннушку, вырученную недавно изъ
плѣна колдуна. Но старшія только смѣются и гру-
бятъ родителямъ, говоря, что бѣда не велика, если
ужъ ихъ проглотитъ, потому что имъ и такъ уже
«помирать пора»... Меньшая пристыжаетъ ихъ и
объявляетъ, что готова идти хоть на смерть за от-
ца съ матерью. Попадья и слышать объ этомъ не
хочетъ, но отецъ, поразмысливъ, говоритъ такъ:

«Дѣлать нечего! видно ей судьба горемычная.
А вѣдь, можетъ, ужъ будетъ добрый мужъ? Божья
воля на все!.. Можетъ самъ Господь наградитъ ее
за родителей!..

На другой день Аннушка сѣла въ телѣжку съ
отцомъ и матерью и при громкихъ насмѣшкахъ
злыхъ сестеръ отправилась въ лѣсъ выкупомъ за
отца и мать. Она ожидала лютой смерти, но ошиб-
лась: ужъ оказался предобрымъ и прекраснымъ

мужемъ. Онъ выстроилъ ей домикъ въ лѣсу; рано-вставалъ, чтобы всю работу успѣть окончить, ру-билъ дрова, воду таскалъ, набиралъ для жены ягодъ, стряпалъ ей кушанье. Аннушка надивиться не мо-гла, «что за ужъ такой ей мужъ родной? Говоритъ и поетъ, словно-бы человѣкъ, и такъ свѣтятся у него глаза то печалію, а то лаской, что нельзя не любить его бѣднаго!.. Хоть онъ тѣломъ и гадъ, но душою своей добрѣй многихъ людей!» Разъ она начала его разспрашивать и ужъ призналсяей, что онъ не змѣя, а околдованный Черноморомъ богатырь. Аннушка изумилась и спросила не за то ли онъ потерпѣлъ, что спасъ какую нибудь дѣ-вицу, точно такъ, какъ ее самое спасъ Иванъ-Бо-гатырь? Говоря это, она зарумянилась, а мужъ ея змѣя притворился, что ревнуетъ ее къ князю, спасшему ее отъ колдуна; что ужъ вѣрно «бога-тырь ей милъ,—мужъ-змѣя постылъ?» и объя-вилъ, что, желая ей счастія, пойдетъ сейчасъ къ рѣкѣ и утопится, для того чтобъ она могла обвѣн-чаться съ Иваномъ-Богатыремъ. Говоря это, онъ поползъ къ двери избушки...

«За нимъ Аннушка поднималася и слезами вся обливалася. «Ты куда же мой ужъ? развѣ ты мнѣ не мужъ?.. Нужды нѣтъ, что змѣя, а люблю я те-бя: добръ ты былъ до меня.—не пущу я тебя на смерть лютую! И зачѣмъ ты меня оставляешь?.. На кого жъ ты меня покидаешь?..» Говоря такъ, она со земли подняла ужа бѣднаго; и лаская его, обнимаючи, ко груди ко своей прижимаючи, вдругъ горючей слезой прямо на-сердце ему канула... Диво-дивное тутъ содѣялось!—Жаромъ вспыхнула кровь горячая, молодецкая! Обновился князь, съ глазъ туманъ пропалъ, золота-чешуя въ парчевой кафтанъ обратилася и на мѣстѣ змѣи—гада лютаго, очутился вдругъ удалецъ, князь Иванъ-Богатырь!.. Такъ и ахнула молодая жена, увидавъ, кого обнимала она. Тутъ за руку бралъ ее князь нашъ удалъ, и къ родителямъ приводилъ и просилъ ласки-милости попа-батюшки, тещи-матушки, молодыхъ сестрицъ... Но сестрицы тутъ разсердилися: «Такъ-то ты насъ надула, сестра? Всѣхъ моложе ты насъ, такъ не стать бы меньшой, подъ вѣнецъ идти первой-на первой!.. Ишь, какого ужа подцѣпила въ мужья!—За такого-бъ и мы не прочь выйти!» Тутъ вмѣшалася мать-попадья: «Кто ни мать, ни отца не жалѣетъ, тому счастія не будетъ отъ Бога!» Такъ сказала она, и надувшись ушли прочь сестрицы въ свѣтлицы свои. А нашъ князь молодой со княгинюшкой стали жить-поживать, да добра наживать. Я сама тамъ была и медъ съ пивомъ пила, только въ ротъ то мнѣ мало попало!..»

Этой присказкой няня обыкновенно кончала свои сказки.

IX.

Исповѣдь.

Зима прошла такъ скоро, что мы ее и не видали. Наступилъ великій постъ. Я замѣтила его только потому, что намъ, дѣтямъ, съ папой большимъ, подавали обыкновенный обѣдъ, а всѣмъ остальнымъ постныя кушанья. Когда я узнала, что бабушка и тети ѣдятъ постное и часто ѣздятъ въ церковь потому, что великій постъ именно то время, въ которое злые люди, не повѣривъ, что Іисусъ Христосъ нашъ Богъ, взяли Его,—мучили и убили, я тоже непремѣнно захотѣла поститься. Но мнѣ не позволили. Пришелъ нашъ докторъ, длинный-длинный, не то нѣмецъ, не то французъ, такой противный! съ утинымъ носомъ и длинными баками (няня Наста его терпѣть не могла и говорила, что у него «баки—какъ у собаки»,— съ чѣмъ мы всѣ были согласны!) и запретилъ давать мнѣ постныя кушанья. Я помню, что меня очень занимала перемѣна погоды. Я сидѣла на окнѣ и смотрѣла, какъ твердый бѣлый снѣгъ превращался въ какой-то жидкій кофейный кисель и безшумно проваливался подъ полозьями и колесами. Морознаго скрипа и визга, ледяныхъ прозрачныхъ, какъ стекляныя палки, сосулекъ, уже не было и въ поминѣ! Все разрыхлѣло, таяло и вода текла по улицамъ: а Волга смотрѣла черной, исполосованной и взбудораженной, будто бы кто-нибудь ее нарочно всю перекопалъ и запачкалъ. Мама и бабочка жаловались, что ѣзды совсѣмъ нѣтъ: на полозьяхъ ѣздить—лошадямъ тяжело, а въ колесныхъ экипажахъ еще страшно. Во всемъ домѣ была суета: все мыли, чистили, прибирали.

Бабушка чаще обыкновеннаго совѣтовалась съ маленькой, круглой, какъ шарикъ, ключницей Варварой и дольше вечеромъ держала старшаго повара Максима, когда онъ приходилъ къ приказу.

По мѣрѣ того, какъ толстая Варвара или баба-Капка,—какъ ее всѣ въ домѣ называли, озабоченнѣе погромыхивала связками ключей и чаще и громче ворчала, ссорясь то съ дворецкимъ, то съ горничными, наша няня Наста становилась все тише и все менѣе принимала участія въ домашнихъ хлопотахъ. Вообще она за весь постъ только и дѣлала, что чистила ризы на образахъ, перетирала кіоты и зажигала въ нихъ свѣчи и лампады. Она говѣла на первой недѣлѣ и второй разъ на страстной. По вечерамъ мы знали, когда няня въ церкви; по утрамъ же никто не могъ замѣчать ея отсутствія, потому что она ходила къ заутрени и къ ранней обѣднѣ. Я разсказываю о ней потому, что она производила сильное впечатлѣніе на меня въ то время, и я, съ величайшимъ интересомъ, наблюдала за ней. Я не давала бабочкѣ покоя разспросами о томъ, какъ можетъ няня постоянно молчать и такъ часто молиться у всѣхъ иконъ? И какъ это она можетъ ничего не ѣсть? И отчего это она не только сказокъ больше говорить не хочетъ, но постоянно уходитъ отъ насъ, чтобъ и не смотрѣть на наши игры и не слышать пѣсенъ нашихъ и смѣха?... Въ самомъ дѣлѣ, няня притихла къ концу поста до такой степени, что голоса ея не было никогда слышно. Во всю страстную недѣлю она съѣдала только по одной просвирѣ въ день; а въ пятницу и субботу совсѣмъ ничего въ ротъ не брала. Я помню, что смотрѣла на нее въ это время не только съ уваженіемъ, но съ чувствомъ недоумѣнія, весьма похожимъ на страхъ.

Въ среду вечеромъ пришелъ священникъ съ дьячкомъ и отслужилъ въ нашей залѣ всенощную. Весь домъ, всѣ люди, даже повара и кучера сошлись въ залу или къ отвореннымъ въ переднюю и корридоръ дверямъ. Я очень усердно крестилась и становилась на колѣна, стараясь во всемъ подражать большимъ, но должна признаться, что не могла молиться: мысли самыя разнообразныя занимали меня. Я осматривалась съ удивленіемъ и по обыкновенію заготовляла сотни вопросовъ, съ которыми на другой день должна была обратиться къ бабушкѣ или Антонін.

Послѣ всенощной всѣ тихо разошлись, въ залѣ

потушили почти всѣ свѣчи, но священникъ остался у аналоя въ углу, подъ ярко освященнымъ образомъ Спасителя.

— Что это будетъ? шопотомъ спрашивала я, крѣпко стискивая руку мамы, когда она уводила меня въ сосѣднюю гостиную.

— Мы будемъ исповѣдываться, — говоритъ наши грѣхи священнику, объяснила она.

Я хотѣла допросить ее яснѣе, очень мало понявъ изъ ея отвѣта; но что-то въ лицѣ мамы заставило меня замолчать и только смотрѣть на все еще внимательнѣе, отложивъ вопросы до другаго времени.

Всѣ мы вышли въ гостиную и плотно заперли въ нее двери: въ залѣ остался одинъ дѣдушка.

Я смотрѣла на дверь и, сама не зная, чего боюсь, со страхомъ ожидала, что будетъ?..

Дверь скоро пріотворилась и папа-большой сказалъ, не сходя съ порога, бабочкѣ: — «Иди, chère amie, я пойду теперь къ себѣ внизъ.»

И дѣдушка пошелъ къ корридору, а я такъ и впилась въ отворенную дверь залы. Темная фигура священника мелькнула предо мною, на свѣтломъ фонѣ освѣщеннаго угла предъ аналоемъ, спиною къ намъ и двери снова затворились: бабушка, крестясь, вошла въ залу... Я вздрогнула, когда Леля вдругъ шепнула надъ самымъ моимъ ухомъ:

— И я тоже буду исповѣдываться. Я большая! А ты не будешь!—ты еще глупая, маленькая!

— И тебѣ не страшно? съ ужасомъ спросила я.

— Страшно! Вотъ еще глупости! Чего тутъ бояться?..

— Какъ чего?.. Нѣтъ! я бы боялась идти туда.

И я продолжала смотрѣть со страхомъ на эту тяжелую дверь, за которой происходило что-то невѣдомое мнѣ, но очень важное и даже, какъ мнѣ казалось, несовсѣмъ безопасное... Я радовалась, что мнѣ не нужно идти туда. Я совершенно не понимала, что значитъ—исповѣдываться, но боялась за каждаго, шедшаго въ темную залу и вздыхала свободно, когда всѣ по очереди оттуда возвращались цѣлы. Когда пришелъ чередъ Лели идти, я взглянула на нее и замѣтила, что, несмотря на ея хвастовство, она очень блѣдна... Мнѣ сдѣлалось такъ жаль ее и такъ за нее страшно, что я невольно припала къ дверной щелкѣ...

— Вѣрочка! отойди. Какъ можно смотрѣть? сказала мнѣ тетя Катя.

И отошла, но очень обрадовалась, когда сестра къ намъ возвратилась. Я смотрѣла на нее теперь съ особеннымъ уваженіемъ и какимъ-то ожиданіемъ: словно предполагала, что она совершенно должна измѣниться. Я очень удивилась, убѣдившись, что Леля точно такая же, какъ и была. Насъ усадили послѣ исповѣди чистить изюмъ и миндаль для бабокъ и мазурокъ, и сестра нѣсколько разъ принималась шалить и хохотать, — чѣмъ меня очень непрiятно изумляла.

— Тише, дѣти, останавливала насъ мама — развѣ можно такъ смѣяться наканунѣ причастiя?.. А ты-то Леля, большая дѣвочка, только что отъ исповѣди и громче всѣхъ хохочешь! Не стыдно ли?

Бабушка ничего не говорила, только ласково смотрѣла на насъ и, хотя губы ея не смѣялись, за то добрые темные глаза ея и все ея милое, привѣтливое лицо улыбалось намъ, противъ воли.

X.

Въ монастырѣ.

На другой день насъ рано утромъ повезли причащать въ женскiй монастырь. Во все время обѣдни я разсматривала съ большимъ любопытствомъ монахинъ и очень сожалѣла маленькую, худую женщину, игуменью монастыря, которой, по моему мнѣнiю, должно было быть ужасно жарко во всѣхъ этихъ длинныхъ суконныхъ мантiяхъ, въ клобукѣ и суконной шапочкѣ, на лбу и вокругъ щекъ опушенной мѣхомъ.

Тутъ же была очень красивая, высокая и пол-

ная монахиня, которая иногда бывала въ гостяхъ
у бабушки. Я ее очень любила и теперь сожалѣ-
ла, зачѣмъ не она тутъ самая главная? Мнѣ каза-
лось, что гораздо было бы лучше, еслибъ она опи-
ралась на тотъ высокій посохъ съ крестомъ, и ей
бы всѣ другія монахини кланялись въ ноги, а не
этой маленькой женщинѣ, съ желтымъ сморще-
нымъ личикомъ...

Я причастилась безъ особаго чувства, потому
что была еще слишкомъ мала, чтобъ понимать
торжественность этой минуты. Меня гораздо боль-
ше заняло, что я сама запила причастіе виномъ
и взяла просвиру со столика... Послѣ обѣдни игу-
менья пригласила насъ пить чай. Мы съ бабочкой
пошли къ ней, а мама и тети поѣхали въ соборъ,
смотрѣть, какъ архіерей будетъ омывать ноги свя-
щенникамъ.

Напившись чаю съ вареньемъ въ маленькой,
жарко натопленной кельѣ игуменьи, бабочка ве-
лѣла намъ поцѣловать ея руку и стала съ ней про-
щаться. На прощаніе игуменья надѣла мнѣ и Ле-
лѣ на шею перламутровыя четки съ большими
рѣзными крестиками и приказала проводить насъ
маленькой дѣвочкѣ въ ряскѣ и черномъ колпачкѣ
на русой головкѣ.

— Бабочка! сказала Леля:—мы теперь пой-
демъ къ Алѣевой? Да?..

Алѣева была знакомая намъ красивая монахиня; я очень обрадовалась, услыхавъ, что мы къ ней идемъ. Дѣвочка въ черномъ колпачкѣ меня чрезвычайно занимала и я тихонько спросила бабушку.

— Неужели эта маленькая дѣвочка тоже монахиня?

— Нѣтъ, душечка, улыбаясь отвѣчала бабушка: это просто монастырская воспитаница. Ихъ здѣсь много учатся; но только другихъ къ празднику отпустили домой, а эта сиротка,—ей некуда идти, потому она и осталась.

— А ее насильно не сдѣлаютъ монахиней? спросила Леля.

— Какія ты глупости говоришь! остановила ее бабочка. Насильно никого не берутъ въ монастырь.

— А зачѣмъ же она такъ одѣта?

— Всѣ воспитаницы такъ одѣты: когда она выйдетъ изъ ученья, тогда сыметъ и ряску, и черный колпачекъ и надѣнетъ цвѣтное платьице. Монастырскаго только всего въ ней и останется, что она будетъ умница, будетъ умѣть читать и писать, и отлично знать всякія работы. Правда, дѣвочка?..

И бабушка легонько ущипнула ее за румяную щечку.

Мы поравнялись съ дверью, на порогѣ которой стояла Алѣева. Она весело встрѣтила насъ, заговоривъ съ бабушкой по французски, да такъ скоро и оживленно, что я удивилась; а Леля шепнула мнѣ, что это совсѣмъ не по монашески. Расцѣловавъ насъ, Алѣева вынесла намъ изъ за перегородки, раздѣлавшей ея просторную келью на гостиную и спальню, цѣлую корзиночку съ прелестными яйцами, отдѣланными яркимъ бархатомъ, атласомъ, фольгой и блестками, и сказала, чтобы мы ихъ разсмотрѣли и выбрали себѣ каждая по два; сама же она ушла въ глубину комнаты и сѣла съ бабушкой на диванъ. Она сняла съ головы свою круглую шапочку и черное покрывало и осталась простоволосой. Мы увидали, что густые волосы ея темно-каштановые, съ просѣдью, подстрижены и лицо ея, разгорѣвшееся отъ оживленной бесѣды, показалось намъ еще красивѣе.

Просторная келья Алѣевой была гораздо болѣе похожа на комнату богатаго дома, чѣмъ на жилище монахини; она казалась еще полнѣе и красивѣе послѣ голыхъ стѣнъ помѣщенія игуменьи. Мебель была мягкая; по окнамъ стояли цвѣты: гіацинты, левкои, наполняя комнату чудеснымъ запахомъ. На стѣнахъ висѣли картины, а одна большая картина, изображавшая домъ и большое дерево, надъ прудомъ, стояла недокончаная на мольбертѣ у окна. Мы поняли, что это рисовала она сама и очень этому удивлялись

Тутъ же, на письменномъ столѣ, лежало нѣсколько книгъ въ красивыхъ переплетахъ. На одной, синей бархатной, былъ вытѣсненъ золотой крестъ; мы не трогали ее, догадавшись, что это молитвенникъ. Но насъ заинтересовала другая, алая бархатная книга, съ надписью: «Альбум». Леля, не выдержавъ, пріоткрыла его немножко, и мы на первой же страницѣ увидали рисунокъ того же деревенскаго дома, что и на большой картинѣ; а на слѣдующей былъ нарисованъ господинъ съ длинной бородой и очень умнымъ лицомъ,

— Онъ на нее похожъ! шепнула я Лелѣ, глазами указывая на монахиню.

Леля кивнула головой и собиралась перевернуть третій листокъ! какъ вдругъ Алѣева оглянулась на насъ и сказала:

— Что вы тамъ разсматриваете, дѣти? Оставьте! Это не для васъ.

Мы отошли отъ стола пристыженны, а монахиня встала, взяла альбомъ и понесла показывать его бабочкѣ.

Мнѣ показалось, что лицо ея вдругъ сдѣлалось очень печальнымъ... Въ самомъ дѣлѣ я узнала потомъ, что портретъ этотъ былъ снятъ съ ея брата, умершаго гдѣ-то далеко, — въ Сибири. Онъ былъ очень несчастенъ, а сестра такъ его любила, что когда онъ умеръ, она бросила свѣтъ и свое богатое имѣніе и пошла жить въ монастырь.

XI.

Приготовленіе къ празднику.

Два послѣднихъ дня предъ Пасхой прошли такъ скоро, что мы ихъ и не видали. Мы красили яйца, завертывали ихъ въ разноцвѣтныя шелковыя тряпочки и варили, отчего они дѣлались, какъ будто мраморныя. Бабочка нарисовала мнѣ нѣсколько прекрасныхъ яицъ, съ букетиками, ангельчиками и гирляндами. Приходили еще какія то хохлушки съ писанками, т. е. съ яйцами, расписанными по красному фону желтыми, зелеными и бѣлыми узорами; кромѣ того дѣдушка накупилъ намъ золотыхъ и фарфоровыхъ, прекрасныхъ яичекъ, а тети и мама навезли сахарныхъ. У насъ ихъ было по цѣлому ящику. Я распредѣлила заранѣе, которыми изъ нихъ я буду христосоваться со знакомыми, съ пріютскими дѣвочками и съ нашими горничными дѣвушками. Для няни Насты, было у меня припасено прекрасное яйцо съ Распятіемъ на одной сторонѣ, а на другой съ образомъ Воскресенія Господня. Я знала, что няня будетъ ему рада и сейчасъ же подвѣситъ его къ своимъ образамъ.

Рано утромъ въ страстную субботу насъ повели въ соборъ, который былъ какъ разъ противъ нашего дома, прикладываться къ Плащаницѣ. Я въ первый разъ видала ее и помню, что вернувшись долго не могла успокоиться и все разспрашивала бабочку: какъ смѣли злые люди убить Христа? Зачѣмъ имъ позволили это?... Я очень радовалась, что Господь нашъ воскресъ, ожилъ опять и вознесся живымъ на небо. Чтобы я оставила въ покоѣ бабушку, очень занятую хозяйственными распоряженіями, мама увела меня къ себѣ въ комнату, гдѣ сидѣла Антонія, спѣшно кончая какую-то работу, и попросила ее разсказать мнѣ о распятіи и воскресеніи Спасителя, что она охотно исполнила. Антонія часто за работой, которую никогда не оставляла, разсказывала мнѣ и Лелѣ разныя интересныя вещи. Я прослушала ее до самыхъ сумерокъ, пока не позвали насъ обѣдать, и за обѣдомъ упорно отказывалась отъ скоромныхъ кушаній. Я и безъ того чуть не плакала, оттого что меня не хотѣли брать въ церковь къ заутрени; а тутъ еще всѣ постничаютъ, няня совсѣмъ ничего не пила и не ѣла, а я стану котлетки говяжьи есть?... Да ни за что на свѣтѣ! Мама съ бабочкой, видя мое горе, сжалились надо мной и позволили мнѣ ѣсть постное, чему я очень обрадовалась.

После обѣда я тихо сидѣла въ дѣтской, думая обо всемъ, что слышала сегодня, какъ вдругъ вбѣжала Леля.

— Вѣрочка! кричала она—иди скорѣе въ диванную. Посмотри чего туда нанесли изъ кухни: какія бабки огромныя! Пасхи, мазурки, какія чудесныя! И разныя кушанья! Иди!...

Я побѣжала вслѣдъ за нею. Въ залѣ накрывали ужъ большой столъ и разставляли на немъ посуду и серебро. Бабочка же все сначала оглядывала въ диванной, куда баба-Капка, Максимъ въ бѣломъ фартукѣ и другой поваръ, Аксентій, сносили изъ кухни, погреба и кладовой всевозможныя кушанія и печенья. Весь круглый столъ былъ занятъ высокими бабами и куличами, въ огромной корзинѣ лежали разныя колбасы, копченыя птицы и языки; другая была полна мазурками, покрытыми бѣлой глазурью. Варвара перетирала и клала въ вазу красныя яйца. Бабушка указывала, что на какое блюдо класть и нести въ залу, а что оставить про запасъ для людей. Аксентій съ поваренкомъ стояли у дверей, держа какой-то подносъ или жаровню, на которой лежали жареныя индюшки, гуси и куропатки. Тетя Надя и Леля вертѣлись у другаго стола, гдѣ стояли сладкіе пироги и торты, разукрашенные конфектами и цвѣтами.

Я въ жизнь свою никогда не видала столько съѣдобнаго и такъ удивилась, что, остановившись среди комнаты и по своей очень дурной привычкѣ заложивъ два пальца въ ротъ, воскликнула:

— Кто-жъ это все съѣстъ?!

— О!... Посмотришь сколько у насъ будетъ завтра гостей! отвѣчала тетя Надя. Да и насъ самихъ развѣ мало? Однихъ людей чуть не сорокъ душъ.

И это было правда. Въ тѣ времена у всѣхъ было очень много прислуги; бабушка была изъ очень стариннаго, богатаго дома; привыкла жить окруженная множествомъ слугъ и любила, чтобъ не только въ нашей столовой, но и въ людскихъ всего было вдоволь, особенно въ такіе большіе праздники. Она сама была прекрасная хозяйка и славилась своимъ хлѣбосольствомъ.

Немного позже, когда столъ въ залѣ былъ накрытъ, яйца, сырныя пасхи и бабы для освѣщенія въ церкви отобраны и всѣ бабочкины хлопоты окончены, она сидѣла въ диванной отдыхая и подозвала меня.

— Вѣрочка, сказала она:—а знаешь ты, что еще у насъ завтра, кромѣ Пасхи?

Я устремила на нее большіе глаза и покачала головой.

— Завтра еще твое рожденіе, дурочка: тебѣ пять лѣтъ. Смотри же, поумнѣй до утра; вѣдь ты завтра будешь цѣлымъ годомъ старше и за ночь выростешь на аршинъ.

— Какъ на аршинъ, бабочка?

— Непремѣнно на цѣлый аршинъ, улыбаясь пошутила бабушка.

Но я была такая глупенькая, что серьезно объ
этомъ задумалась и даже начала безпокоиться о
томъ, какое же я надѣну платье, если настолько
выросту изъ своихъ?...

— Ну, что-жь тебѣ завтра подарить? прервала
бабушка мои заботы.

— Не знаю! отвѣчала я.

— Подарите ей, бабочка, ту большую куклу,
что, помните, мы видали въ лавкахъ? Или медвѣ-
дя, который лѣзетъ на столбъ!... А то краски! Мы
будемъ красить картинки. Такъ весело!... Хочешь,
Вѣра, краски? вмѣшалась Леля.

— Ну, милочка! ты столько наговорила, что
всего и не вспомнишь. А знаешь пословицу: qui
veut tout,—n'a rien?... Смотри, чтобы съ тобой не
случилось, какъ со старикомъ и колбасой въ
сказкѣ.

— А что съ ними случилось?

— Сегодня не время разсказывать. Напомни,
— завтра разскажу, отвѣчала бабушка. А теперь
пойдемъ чай пить: вотъ папа большой ужъ кон-
чилъ ходить по комнатамъ и вѣрно хочетъ чаю.

Въ этотъ вечеръ намъ съ Лелей крѣпко не хо-
тѣлось ложиться спать, потому что никто въ до-
мѣ не ложился въ ожиданіи заутрени. Но насъ
всетаки уложили, и я уснула такъ крѣпко, что и
не слыхала ни звона колокольнаго, ни общаго воз-
вращенія изъ церкви.

XII.

Пасха и мое рожденіе.

За то всѣ еще спали, утомленные безсонной ночью, когда я проснулася, пробужденная частымъ, веселымъ звономъ колоколовъ во всѣхъ городскихъ церквахъ. Въ одну секунду я вспомнила, что бабочка говорила мнѣ о сегодняшнемъ днѣ, и вскочила на своей постелькѣ. Бабушка всегда рано вставала и не терпѣла ставень, а потому солнце ярко свѣтило въ окно, за которымъ чирикали воробьи и ворковали голуби, важно похаживая по откосу крыши.

Я протерла глаза, оглядѣлась и... что же я увидала?!..

Около моей кроватки стоялъ маленькій столъ застланный скатертью. На немъ блестѣлъ мѣдный самоварчикъ и маленькая чайная посуда, разрисованная голубыми и розовыми цвѣточками. Въ сахарницѣ былъ сахаръ, въ молочникѣ сливки, а возлѣ на подносѣ стояла настоящая маленькая бабка, вся покрытая сахаромъ, миндалемъ и изюмомъ. Но этого мало! У столика были поставлены два соломенныхъ стульчика: на одномъ сидѣла, въ ожиданіи чая, большая кукла, а на другомъ лежалъ красный шерстяной сарафанъ для меня самой. Я часто говорила бабочкѣ, что ничего на свѣтѣ не желала бы такъ имѣть, какъ русскій красный сарафанъ. И вотъ теперь онъ былъ предо мною, весь расшитый галунами и золотыми пуговицами, и къ нему еще была бархатная повязка на голову, тоже вышитая золотомъ и бусами. Вотъ-то была прелесть!...

Я сначала окаменѣла отъ восторга. Потомъ, недолго думая, вскочила на постель къ спавшей бабочкѣ и ну душить ее объятіями и поцѣлуями!... Я такъ обрадовалась, что и не сообразила, что могу испугать ее. Въ первую минуту она дѣйствительно испугалась, но, увидя меня, тотчасъ поняла въ чемъ дѣло. Она засмѣялась, расцѣловала меня и позвала няню одѣть меня въ новый сарафанъ.

Только что я одѣлась, прибѣжала Леля, разодѣтая въ новое шелковое платье; она держала подаренную ей мамой книгу съ картинками, а бабочка ей подарила прекрасный ящикъ съ красками. Я не отходила отъ своего столика и не выпускала изъ рукъ куклы; я такъ была ими занята, что даже совсѣмъ забыла, что сегодня Пасха и надо христосоваться. Мнѣ напомнила это первая няня Наста. Она вошла въ комнату серьезная, одѣтая въ темное шерстяное платье и шелковый платокъ; торжественно подошла она къ бабушкѣ, три раза съ нею поцѣловалась, обмѣнялась яйцами и, поклонившись ей въ поясъ, перехристосовалась такимъ же образомъ со всѣми въ комнатѣ. Я засуетилась, разыскивая между множествомъ своихъ яицъ то, которая приготовила нянѣ: она ему была очень рада. По ея примѣру мы всѣ стали христосоваться и мѣняться яйцами, только я все забывала каждому, кто говорилъ мнѣ: «Христосъ воскресъ!»—отвѣчать: «Воистину воскресъ!»

Одѣвшись, мы всѣ пошли къ дѣдушкѣ внизъ, пить съ нимъ кофе; а потомъ поднялись въ залу, гдѣ нашли очень много гостей: все мужчины, въ мундирахъ, вышитыхъ золотомъ, изъ-за которыхъ я не узнавала очень многихъ знакомыхъ, потому что никогда не видала ихъ такими блестящими. Бабушка, мама и тетя Катя всѣхъ угощали за длиннымъ столомъ, покрытымъ бабами и разными кушаньями; только я замѣтила, что всѣ очень мало ѣли и все куда-то спѣшили. Пришли священники и пѣвчіе: пропѣли «Христосъ воскресъ» и всѣ комнаты окропили святой водой.

Пріѣхалъ архіерей Іаковъ высокій, красивый старикъ съ длинной бѣлой бородой. Всѣ подошли подъ его благословеніе и цѣловали ему руку. Онъ прошелъ съ дѣдушкой и бабушкой въ гостиную, гдѣ тотчасъ же смолкли громкіе разговоры и смѣхъ гостей и всѣ они стали разговаривать очень тихо и серьезно. Я все это, по своему обыкновенію, наблюдала и думала свою думу, разсматривая внимательно блиставшія на груди архіерея звѣзды и кресты съ разноцвѣтными каменьями.

«Какой онъ высокій и важный»! размышляла я: «вотъ и Алѣева такая же красивая и высокая... Жаль только, что у нея нѣтъ такихъ звѣздъ!.. А какой красивый бѣлый крестъ у него на клобукѣ. Какъ блеститъ!...» Когда онъ уѣхалъ, я сказала тетѣ Надѣ:

— Надя! а Надя! какъ ты думаешь, вѣдь хорошо было бы, еслибъ Алѣева обвѣнчалась съ архіереемъ?

— Что?. расхохотавшись вскричала тетя: ты хочешь обвѣнчать ихъ? Отлично!... Маменька! Леничка! Послушайте-ка, что тутъ Вѣра разсказываетъ: она предлагаетъ женить архіерея на монахинѣ Алѣевой.

Всѣ такъ расхохотались, что я чуть не заплакала, покраснѣвъ и не зная, куда дѣваться.

— Ну, что-же такое? говорила я сквозь слезы: я только потому, что они оба старые и такіе красивые, важные... Я только такъ сказала... Что же такое? Онъ монахъ и она тоже...

— Онъ монахъ и она монахиня, --такъ потому ихъ и женить? поддразнивала меня Леля.

— Дурочка, ты моя дурочка! смѣясь сказала мама,—монахи и монахини не могутъ ни жениться, ни замужъ выходить.

— Вотъ еще! Отчего не могутъ? спросила я

6*

такимъ голосомъ, будто бы это меня очень обижало, и въ ту же минуту, не совладавъ съ собою, закрыла лице руками и горько заплакала.

— Эхъ, ну что, право! подоспѣла ко мнѣ на выручку бабушка. Перестань плакать, Вѣрочка. Раздразнили тебя, бѣдную!.. Полно же, полно!

Въ эту минуту отворилась дверь и шурша длинной рясой въ залу вошла сама Алѣева. Я стояла на стулѣ, куда меня поставила возлѣ себя бабушка и поспѣшила спрятаться за нее. Монахиня, поздоровавшись со всѣми, съ удивленіемъ спросила, глядя на меня:

— Что это съ Вѣрочкой? Чего она такъ плачетъ? Всѣ ей отвѣчали одними улыбками и смѣхомъ.

— Да, вотъ изъ за-васъ! сказала бабочка, стараясь сдержать улыбку, чтобъ меня еще больше не раздразнить.

— Изъ-за меня?! Какъ такъ? удивилась Алѣева. Мама начала разсказывать ей сквозь смѣхъ:

— Да вотъ, видите ли, сейчасъ былъ у насъ Преосвященный Іаковъ и такъ понравился Вѣрочкѣ, что она непремѣнно захотѣла его съ вами обвѣнчать и вотъ, сердится, зачѣмъ мы сказали, что вы не можете за него выйти замужъ...

Ужь и не знаю, какъ это я рѣшилась тутъ взглянуть однимъ глазкомъ на монахиню .. Я видѣла, какъ она приподняла вверхъ свои широкія брови, какъ дрогнулъ ея красивый ротъ, удерживая веселую улыбку... Но въ ту же минуту она ласково взяла мою руку и проговорила совершенно серьезнымъ голосомъ.

— А вотъ что!... Ну, что-же? Спасибо Вѣрочкѣ, что она такъ обо мнѣ заботится!. Прекрасную партію она для меня нашла. Спасибо!.., Вотъ тебѣ за это золотое яичко.

Я, не подымая головы, взяла изъ рукъ ея яйцо и только послѣ усиленныхъ уговоровъ бабочки рѣшилась отереть слезы. Въ моемъ яйцѣ оказались ножницы, наперстокъ, игольникъ, а въ другой половинѣ — крошечный молитвенникъ съ картинками.

— Это значитъ, что тебѣ скоро пора умѣть шить и читать, объяснила мнѣ Алѣева.

Тутъ пріѣхали новые гости и Анна Ивановна, которая шепнула мнѣ, что привезла Груню Зайцеву. Я сейчасъ же убѣжала показывать ей свои новыя игрушки. Скоро пріѣхали Клава и Юля Гречинскія, и мы превесело провели весь день, играя въ куклы и катая яйца въ длинной галлереѣ. Мы столько набили ихъ, что баба Капка разворчалась, что больше нѣтъ у нея красныхъ яицъ. Но мы только смѣялись, не вѣря ей; мы знали очень хорошо, что въ кладовой у нея цѣлая кадка съ опилками и красными яйцами.

Вечеромъ, когда папа большой ушелъ спать,

гости разъѣхались и всѣ сидѣли въ желтой диван-
ной, мы не забыли напомнить бабочкѣ объ обѣ-
щанной сказкѣ, о старикѣ съ колбасой.

— А!.. вспомнили! улыбнулась намъ ласково
бабушка:—Ну садитесь, слушайте.

Мы живо размѣстились возлѣ нея на диванѣ и
навострили уши.

Въ тѣ далекія, далекія времена, когда на
бѣломъ свѣтѣ еще водились колдуны и волшеб-
ники, начала разсказывать бабушка:—жили-были
старикъ со старухой. Они были очень бѣдны. Разъ,
сидѣли они передъ пустымъ каминомъ, котораго
имъ нечѣмъ было истопить и печально разгова-
ривали.

«Ахъ молвилъ старикъ, хоть бы явилась намъ
какая нибудь добрая фея и дала все, что намъ
нужно!»—«Да! согласилась жена его: это было бы
большое счастье. А что бы мы у нея попросили?»—
«Намъ, правда, нужно столько, что я не зналъ бы
чего прежде просить?» замѣтилъ старикъ. — «Вотъ
глупости! накинулась на мужа старушка: мало ли
что?.. Я бы попросила полную кадку золота, вѣч-
ную молодость, красоту?... — «Та-та-та! разсер-
дился мужъ: сейчасъ видна баба. На что тебѣ кра-
сота?.. Ужь лучше проси здоровья, да хорошій
ужинъ, а то у меня отъ голоду даже желудокъ
подвело.» — «Старый обжора! закричала жена. Ду-
рень!—были бы деньги, а ужинъ найдется»!... Такъ

они сидятъ да ссорятся, вдругъ слышатъ тоненькій голосокъ: — «Перестаньте! Стыдно браниться!» — И въ ту же секунду изъ каминной трубы спустилась маленькая, блестящая волшебница...

Старики такъ и ахнули!

— «Ну, сказала ласково фея: — позволяю вамъ сдѣлать три желанія, которыя я тотчасъ исполню.

Бѣдный старичекъ былъ такъ голоденъ, что самъ не успѣлъ опомниться, какъ сказалъ: — чтобъ сейчасъ же предо мной явилась хорошая колбаса!..

Колбаса тутъ какъ тутъ очутилась предъ нимъ на тарелкѣ, да еще и съ ломтемъ хлѣба въ придачу.

Ухъ! какъ разсердилась старуха, что онъ сдѣлалъ такое глупое желаніе. Вдругъ она какъ крикнетъ: — «Ахъ! ты старый дуралей!.. Да чтобъ эта колбаса тебѣ къ носу приросла!.» И послушная колбаса прыгнула съ тарелки и въ тотъ же мигъ приросла къ носу бѣднаго старика...—«Ай, ай, ай! завопилъ старикъ: — что я буду дѣлать! Куда мнѣ, горемыкѣ, дѣваться?.. Всѣ люди будутъ смѣяться, что у меня вмѣсто носа—колбаса! Ахъ, я несчастный!»

Что тутъ было сдѣлать старушкѣ? вѣдь она любила своего мужа... Нечего дѣлать: пришлось пожелать, чтобы колбаса отъ носа отвалилась...

— «Ну, вотъ я и исполнила всѣ три ваши желанія!» сказала смѣясь, волшебница и исчезла.

А бѣдные, глупые старики такъ и остались ни съ чѣмъ, кромѣ одной колбаски, которую тутъ же и скушали.

— Вотъ вамъ и вся сказка, дѣти, заключила бабушка. Какъ же вы думаете: какой ея смыслъ? Чему она учитъ?

— Не ссориться, сказала было я.

Но сестра Леля расхохоталась такъ громко, что моего предположенія никто и не слышалъ, и съ увѣренностью закричала:

— Я знаю! Эта сказка насъ учитъ всегда желать чего-нибудь получше нѣмецкой колбасы.

Всѣ засмѣялись, но бабочка сказала, покачавъ головою:

— Нѣтъ, душа моя. Нравоученіе этой сказки именно и заключается въ той пословицѣ, которую я вчера вамъ сказала: кто многаго желаетъ, тотъ ничего не получаетъ.

— Или, по русски: «за двумя зайцами погонишься, — ни одного не поймаешь!» пояснила мама.

Очень усталая и счастливая легла я въ этотъ вечеръ спать, хотя и не выросла, какъ обѣщала мнѣ бабочка, не только на аршинъ, а даже ни на вершокъ.

XIII.

Наша дача.

Вскорѣ послѣ Пасхи наступила настоящая весна. Двойныя рамы вынули изъ оконъ; бабушка выставила свои цвѣты изъ гостинной и диванной, гдѣ они стояли предъ окошками, на горкахъ, на балконъ; солнышко весело свѣтило и грѣло, а широкая Волга разлилась, затопила синими водами всѣ островки и берега.

Я сидѣла подолгу на любимомъ мѣстѣ своемъ, въ дѣтской на окнѣ, теперь часто открытомъ! прислушивалась къ веселому шуму на улицахъ, къ журчанью воды, грохоту давно неслышанныхъ колесъ, птичьему гаму на бульварѣ соборной площади, гдѣ всѣ аллеи еще сквозили, непокрытыя зеленью, и къ неумолчному воркованью голубей на нашей крышѣ. Помню, что голуби меня ужасно занимали. Я слѣдила за всѣми ихъ движеніями, когда они прохаживались подъ моимъ окномъ, заставляя желѣзные листы крыши слегка погромыхивать; за кокетливыми изгибами и поворотами ихъ хорошенькихъ головокъ, за турухчаніемъ и воркованіемъ ихъ, стараясь имъ подражать и придумывая, что бы такое они другъ другу разсказывали?..

Недѣльки черезъ двѣ все зазеленѣло свѣтлой,

молодой листвой и насъ каждый день стали водить гулять. Мы собирались послѣ уроковъ возлѣ собора на бульварѣ: играли въ разныя игры съ подругами, бѣгали и веселились, такъ что стонъ стоялъ по аллеямъ отъ нашего смѣха и криковъ.

Но больше всего любила я ѣздить съ бабушкой на нашу дачу. Она въ ней распоряжалась поправками къ лѣтнему житью; а я бѣгала въ липовыхъ аллеяхъ и на лугу передъ рощей, собирая фіялки, радуясь, что со всякимъ днемъ все лучше зацвѣтаетъ.

Но вотъ было счастіе, когда насъ перевезли туда. Дача наша совсѣмъ была недалеко отъ города, на опушкѣ рощи, которая становилась все гуще, спускаясь къ Волгѣ, и наконецъ, превращалась въ настоящій лѣсъ.

Домъ былъ старинный, каменный, съ расписными потолками въ цвѣтахъ и амурахъ; съ двумя балконами, опиравшимися на толстыя колонны, съ густымъ сиреневымъ палисадникомъ. Одинъ балконъ спускался въ него боковыми ступеньками; другой, побольше, выходилъ къ тремъ густымъ липовымъ аллеямъ, которыми начиналась роща. Не вдалекѣ аллеи эти перерѣзывалъ провалъ, все увеличивавшійся отъ дождей и превращавшійся далѣе, влѣво, въ глубокій оврагъ, приводившій къ Волгѣ. Направо отъ аллей начиналась бахча, т. е. поле, засѣянное арбузами, дынями и огурцами; на лѣво, съ обѣихъ сторонъ оврага, шла прелестная лужайка, поросшая разноцвѣтнымъ шиповникомъ и цвѣтами, гдѣ мы, бывало, ловили бабочекъ. Далѣе, впереди оврага, продолжалась роща, выводившая къ такъ называемой большой дачѣ, о которой рѣчь будетъ впереди, — въ это лѣто она стояла пустая; а за оврагомъ, въ концѣ прямой аллеи, ведшей отъ этой большой дачи, былъ прудъ, за которымъ ужь роща обращалась въ лѣсъ. Но ближе къ намъ, рядомъ съ обѣими дачами, былъ чудесный, грунтовой сарай. Вы не знаете, можетъ быть, что это такое?.. Это большое мѣсто, закрытое высокой стѣной отъ сѣверныхъ вѣтровъ, съ досчатой крышей, которой прикрываютъ его на зиму отъ снѣговъ и мороза, а на лѣто снимаютъ, замѣняя ее только сѣткой отъ прожорливыхъ воробьевъ. Въ этомъ сараѣ содержатъ, непривычныя къ холодамъ, плодовыя деревья. Ужь какъ я любила, разжарившись, ловя бабочекъ или собирая цвѣты на лугу, зайти въ этотъ тѣнистый грунтовой сарай, гдѣ съ высокихъ, зеленыхъ деревьевъ висѣли—ахъ! какія славныя черно-красныя или янтарныя, наливныя шпанскія вишни!.. Насъ всегда тамъ угощали и даже позволяли самимъ рвать и дѣлать изъ ягодъ красивые букетики.

Если, не сворачивая, идти, бывало, прямо по единственной, тогда не тронутой еще проваломъ, правой липовой аллеѣ, то она скоро приводила къ нѣсколькимъ дорожкамъ, расходившимся звѣздой, въ разныя стороны рощи, а какъ разъ въ срединѣ этого перепутья стояла деревянная бесѣдка,— круглый большой павильонъ, съ круглымъ же куполомъ на столбахъ,—мѣсто многихъ нашихъ увеселеній.

Я съ малу была ужасная фантазерка и часто выдумывала сама для себя цѣлыя исторіи обо всемъ, что мнѣ на глаза попадалось. Я очень любила одна забираться въ рощу и ничего въ ней не боялась. Усажу, бывало, усталую няню на ступеньки бесѣдки, сказавъ, что только нарву букетъ и сейчасъ вернусь, а сама заберусь въ чащу да и забуду о цвѣтахъ. Хорошо было въ нашей тѣнистой, прохладной рощѣ!.. Стою я себѣ, опустивъ руки, неподвижно среди высокихъ бѣлыхъ березъ, подъ которыми, пробиваясь сквозь бурую насыпь прошлогодней листвы, бѣлѣются пахучіе ландыши, словно жемчугъ, нанизанный на тонкіе стебельки; стою, любуюсь и прислушиваюсь... Какъ тихо! Казалось, будто жучки, пчелы, стрекозы и всякія букашки, такъ весело жужжавшія на полянахъ, залитыхъ солнцемъ, боялись лѣсной темноты и сюда не залетали. Даже птицы не заливались хоромъ, какъ въ саду и въ аллеяхъ, а изрѣдка, не смѣло чирикали и посвистывали въ одиночку, гдѣ нибудь на верхушкѣ деревъ. Толь-

ко муравьи, да длинноногіе пауки быстро бѣга-
ютъ, мелькая среди подвижнаго узора свѣтлыхъ
пятенъ, у ногъ моихъ на сѣрой землѣ .. Смотрю
я на нихъ и думаю: чего они бѣгаютъ, суетятся?
Что они ищутъ, куда спѣшатъ?.. А то закину го-
лову вверхъ и любуюсь: какъ славно отдѣляются
кудрявыя макушки деревьевъ на свѣтломъ небѣ!..
Какъ трепещетъ высоко въ воздухѣ какой нибудь
молоденькій листокъ. «Бѣдняжечка! думала я:
такой онъ маленькій, слабенькій! Вѣтеръ такъ
его и треплетъ: сейчасъ оторвется и закружится,
полетитъ на землю»…. я даже и руку протягива-
ла, готовясь на лету поймать его. Но листокъ и
не думалъ падать. Онъ крѣпко держался стебель-
комъ за мать-березу и съ каждымъ днемъ росъ и
крѣпъ, пока стояло красное лѣто; а осенью, когда
всѣ листья желтѣли и падали на землю умирать. я
навѣрное его бы не узнала, такой онъ былъ тогда
большой красный и высохшій.

Богъ знаетъ, о чемъ только я не передумывала
въ такія одинокія прогулки?… Теперь забыла свои
мысли, но знаю, что ихъ были много и что часто
мнѣ представлялось, что я не одна думаю свои
думы, а что все, что меня окружало: березы, тихо
шептавшія надъ головой моей, и ландыши, при-
вѣтливо глядѣвшіе на меня изъ за темной зелени,
и чирикавшія птички, и бабочка, садившаяся не-
подалеку на цвѣтокъ, — все, однимъ словомъ, знаетъ

мои мысли, понимаетъ меня и молча со мною со-
глашается... И такъ хорошо, такъ весело бывало
мнѣ одной въ милой рощѣ, какъ никогда не бы-
вало съ шумливыми подругами.

Хотя въ то время роща казалась мнѣ дрему-
чимъ, безконечнымъ лѣсомъ, въ которомъ легко
были набрести на что-либо такое, о чемъ въ
сказкахъ говорится, но я въ ней никогда
не знала страха (кромѣ одного случая, о которомъ
разскажу послѣ). Я искренно вѣрила, что стоитъ
только пройти подальше и непремѣнно набредешь
на Бабу-Ягу, съ ея домикомъ на курьихъ ножкахъ
и ступой-перелётной, вмѣсто экипажа; встрѣтишь
лѣшаго, разбойниковъ и чуть ли не самого змѣя-
горынича! Всѣ эти чудеса занимали меня ужасно,
но совсѣмъ не пугали.

Очень часто, забравшись въ такую чащу, что
ничего кругомъ, кромѣ стволовъ древесныхъ, да
просвѣтовъ неба, надъ головою и видно не было,
я чутко прислушивалась: не идетъ ли кто? Не ле-
титъ ли?.. Не слышно-ли чьего голоса или лоша-
динаго топота? Не раздастся ли посвистъ моло-
децкій или плачъ королевны, заведенной дѣвкой-
чернавкой на съѣденіе волкамъ? Я зорко вгляды-
валась увѣренная, что могу увидѣть что нибудь
таинственное и не разъ сердце мое замирало и
крѣпко билось отъ ожиданія.

Нечего и говорить, что я была такая храбрая

именно потому, что со мной никогда ничего въ
рощѣ не случалось; а, не дай Богъ, представься
мнѣ только что-нибудь необыкновенное, я бы, по-
жалуй, со страху умерла, потому что въ сущности
я была большая трусиха, что доказала моя исторія
съ Жучкой и еще докажетъ слѣдующая глава.

XIV.

На пруду.

Разъ Леля зазвала насъ за бахчу на далекій
прудъ, куда мы никогда не ходили. Это былъ
не тотъ прудъ въ рощѣ большой дачи, о ко-
торомъ я выше говорила: тотъ былъ гораз-
до ближе. Мы отправились, позавтракавъ, прями-
комъ чрезъ бахчу, гдѣ на взрытой, пригрѣтой
солнышкомъ землѣ зрѣли арбузы и желтыя дыни.
Изъ-подъ нашихъ ногъ то и дѣло взлетали стаи
воробьевъ, нисколько не боявшихся разставлен-

ныхъ во всѣхъ концахъ чучелъ, воробьиныхъ пугалъ. Я должна признаться, къ своему стыду, что мы, идя по межѣ, то и дѣло уподоблялись этимъ прожорливымъ воришкамъ, потому что, нисколько не стѣсняясь, рвали молоденькіе чужіе огурчики и съ большимъ аппетитомъ ихъ ѣли. Вотъ въ сторонѣ блеснулъ прудъ, весь заросшій травой и желтыми водяными лиліями, кувшинчиками, блиставшими на солнцѣ, качаясь на своихъ широкихъ круглыхъ листьяхъ.

— Точь въ точь печеная рѣпа на зеленыхъ тарелкахъ! объявила Леля.

Мы подошли ближе. Вокругъ пруда росли кусты и стояла, опустивъ серебристыя вѣтви въ воду, старая, сверху подрубленная, ива; въ срединѣ же его, весь заросшій камышомъ, былъ маленькій островокъ, по которому ходило стадо крошечныхъ гусенятъ, пощипывая травку. Они какъ желтые пуховые шарики, переваливались съ ножки на ножку, толкаясь, отряхая крошечныя крылышки, гогоча вокругъ матери-гусыни, которая важно поворачивала длинную шею, чистя носомъ свои перья. Сѣрый гусь плавалъ въ сторонѣ, между лиліями, высоко держа голову, не поворачиваясь ни вправо, ни влѣво, только изрѣдка перебирая подъ водой широкими красными лапами.

Леля взобралась на пень и распѣвала какую-то пѣсню, съ разными рулладами, размахивая ру-

ками и обращаясь къ намъ будто актриса къ зри-
телямъ. Надя старалась какой-то палкой съ крюч-
комъ на концѣ зацѣпить и сорвать лилію; а я,
любуясь на гусиную семью, вдругъ сказала:

— Какъ бы я хотѣла, чтобъ и маленькіе гуси
спустились въ воду!

— Ну чтожь! ихъ сейчасъ можно согнать, ска-
зала сестра, спрыгнувъ съ пня на землю и наги-
наясь за камешкомъ.

— Ахъ! нѣтъ, остановила я ее за руку: — не

бросай камнями, пожалуйста! Еще попадешь въ
гусенка.

— Вотъ еще глупости! Нѣжности какія!... Я
ихъ сейчасъ прогоню съ островка.

— А вдругъ они еще не умѣютъ плавать?
Вдругъ они утонутъ, кричала я въ ужасномъ
безпокойствѣ.

— Гуси-то? расхохотались надо мной тетя

Надя и Леля и начали кричать, спугивая гусей, махать палкой и бросать въ нихъ, чѣмъ попало. Гуси всполошились. Мать, присѣвшая, было, отдохнуть на солнышкѣ, безпокойно поднялась и озираясь гоготала, сзывая своихъ дѣтей, которыя толкаясь и бросаясь въ разныя стороны, спѣшили за нею въ прудъ, кувыркаясь и клюя носиками воду. Гусь, не обращая никакого вниманія на догонявшую его, встревоженную семью, поплылъ быстрѣе къ другому берегу.

Одинъ маленькій гусенокъ все отставалъ, жалобно пища и напрасно стараясь догнать уплывавшую мать...

— Оставь! оставь, пожалуйста! уговаривала я, хватая Лелю за руки: — вѣдь ужъ они въ водѣ! Вѣдь ужъ плывутъ!.. Оставьте же! зачѣмъ еще бросать?

Но Надя съ Лелей не унимались. Не слушая меня, одна изъ нихъ схватила съ земли большую палку и пустила ее вслѣдъ уплывавшимъ гусямъ.

Тѣ метнулись съ громкимъ крикомъ въ разныя стороны; большіе даже взмахнули сильными крыльями и полетѣли, но гусыня сейчасъ же снова тяжело опустилась на воду, собирая и подгоняя своихъ перепуганныхъ дѣтей. Одинъ гусь только, поджавъ ноги и распустивъ широко крылья, продолжалъ летѣть прямо къ шалашу, котораго мы совсѣмъ не замѣтили. Наконецъ, вся птичья семья добралась до земли. Переваливаясь, съ громкимъ крикомъ все стадо пустилось бѣжать къ тому же шалашику... На взбаламученной водѣ, расходившейся кругами и рябью, остался только одинъ маленькій гусенокъ, что давеча все отставалъ, но только теперь онъ ужь не плылъ, а, повернувшись бѣленькимъ брюшкомъ вверхъ, неподвижно качался на водѣ...

Увидавъ, что онѣ надѣлали, Надя въ Лелей безпокойно переглянулись; а я закричала и залилась слезами.

— Убили! Вы его убили! неутѣшно повторяла я.—Злыя! гадкія!... я говорила вамъ!..

— Молчи! Говорятъ тебѣ, — молчи! унимали онѣ мои крики. Уйдемте поскорѣе!.. Вонъ женщина идетъ сюда изъ шалаша. Скорѣе! Это сторожиха!..

И онѣ бросились бѣжать.

Я взглянула и увидала быстро шедшую къ намъ женщину, съ очень сердитымъ лицомъ. Забывъ слезы, я бросилась вслѣдъ за ними; а женщина, увидавъ убитаго гусенка, тоже побѣжала за нами въ догонку.

— Ахъ, вы, негодныя дѣвчонки! кричала она намъ вслѣдъ! безстыдницы! Гусенка убили. Бросать каменьемъ въ чужую птицу!.. Вотъ и вась!

И женщина, преслѣдуя насъ, не переставала кричать и браниться до самой рощи.

Мы бѣжали. Надя и Леля съ громкимъ смѣхомъ впереди; я — сзади, отставъ, какъ давешній гусенокъ, съ ужасомъ прислушиваясь къ топоту за мной и ожидая, что вотъ-вотъ поймаетъ меня эта страшная женщина...

Но, слава Богу,—вотъ и дача? Мы стремглавъ, едва переводя духъ, повернули въ аллею.

— Ишь улепетываютъ! Хороши барышни! озарницы, эдакія!.. раздавалось за мною.—Вотъ догоню я васъ, стойте!.. я вамъ задамъ!

Вдругъ женщина въ недоумѣніи остановилась, увидавъ, что мы бѣжимъ къ балкону, гдѣ въ ожиданіи обѣда собрались всѣ наши.

— Ишь ихъ! укоризненно пробормотала она:— а еще губернаторскія!..

Она повернула и пошла назадъ, тяжело отпыхиваясь.

Мы вбѣжали на крыльцо. Надя сѣла на ступеньки, едва переводя духъ отъ усталости и смѣха; Леля вбѣжала на балконъ, подпрыгнула и съ хохотомъ повисла на шеѣ тети Кати; а я бросилась къ вѣчной своей заступницѣ — бабочкѣ.

— Что съ вами, дѣти?.. Чего вы испугались? спрашивали насъ.

— Да Вѣра на бахчѣ гусенка убила! закричала Леля.

— Ахъ! успѣла я только ахнуть въ негодованіи.

— Неправда! вскричала тетя Надя. Ну зачѣмъ ты Леля глупости говоришь и неправду? Не Вѣрочка убила, — а мы.

И Надя разсказала все, какъ было.

— Фу, срамъ какой! Ну не стыдно ли вамъ такъ вести себя? сказала бабушка.

— Ничего не дѣлаютъ! Не учатся совсѣмъ онѣ теперь, замѣтилъ дѣдушка, прохаживаясь по балкону. Этого мало, что онѣ съ Антоніей Христіановной занимаются: надо, чтобъ къ нимъ сюда изъ города ѣздили учителя. А то онѣ совсѣмъ исшалились. Надя большая ужь, чуть не взрослая дѣвушка, а тоже не прочь съ племянницами колобродить!... Не стыдно ли, сударыня?..

Надя, не отвѣчая ни слова, встала и ушла. Она очень не любила, когда ей дѣлали замѣчанія. Леля присмирѣла, усѣвшись у ногъ тети Кати, съ улыбкой разглаживавшей ея серебристые, курчавые, какъ у барана, волосы, которые сейчасъ же топорщились, вздымаясь изъ подъ тетиной маленькой ручки.

— Это, вѣрно, сторожихины гуси, сказала бабочка, — съ бахчи?.. Надо ей заплатить за гусенка... Большой онъ, Вѣрочка?

— Нѣтъ, крошечный! Такой бѣдненькій, маленькій!.. Все отставалъ... Я говорила, что онѣ убьютъ его, — онѣ не слушались. Такъ мнѣ его жалко! говорила я, снова чуть не плача.

— Ахъ ты, мышка, мышка черноглазая! взялъ меня дѣдушка за подбородокъ: — чуть ли ты не умнѣе старшей сестрицы и тетушки своей, а?...

— Еще бы! Конечно, умнѣй! смѣясь подтвердила моя добрая, дорогая бабочка, съ такой увѣренностью, будто это и въ самомъ дѣлѣ была правда.

Съ этихъ то поръ я не хотѣла больше гулять съ Лелей и Надей, а всегда ходила съ большими или тихонько убѣгала, совсѣмъ одна. Это тоже было нехорошо. Хотя роща наша была, какъ садъ, со всѣхъ сторонъ закрыта, но, пятилѣтняго ребенка мало-ли что можетъ напугать!.. Сейчасъ разскажу вамъ, какого я разъ набралась страху въ моей любимой рощѣ.

XV.

Медвѣдь.

Случилось это въ началѣ лѣта. Няня Наста была несовсѣмъ здорова, и потому ко мнѣ временно приставили для игръ и прогулокъ молодую горничную Парашу. Въ одно утро мы съ нею въ палисадникѣ играли въ городки. Она ломала вѣтки бѣлой и лиловой сирени и, втыкая ихъ въ землю, дѣлала аллеи: изъ щепочекъ и колыш-

ковъ мы строили дома; изъ кусочковъ стекла, об-
ложенныхъ землею, устраивали пруды и колодцы,
изъ прутиковъ выводили заборы и ворота. Та-
кимъ образомъ у насъ росли цѣлые города, по ко-
торымъ мы водили гулять моихъ куколъ.

Вдругъ Жучка, лежавшая неподалеку, свернув-
шись клубочкомъ, подняла голову и, настор;живъ
уши, зарычала.

— Цыцъ! чего ты, глупая? прикрикнули мы на
нее; но собака не слушалась и, поднявшись на
ноги, все сердитѣе ворчала.

Нараша стала на палисадникъ, чтобъ загля-
нуть чрезъ кусты въ поле, отдѣлявшее дачу отъ
города. Въ ту же минуту тамъ забарабанили, за-
щелкали, загремѣли чѣмъ-то желѣзнымъ, а Жуч-
ка рванулась, залаяла какъ бѣшеная, хрипя, вся
ощетинившись, и въ одинъ прыжокъ исчезла за
калиткой. Мы тоже бросились за ней во дворъ и
увидали въ воротахъ какихъ-то мужиковъ съ
двумя огромными медвѣдями на цѣпяхъ. Вокругъ
нихъ, приплясывая подъ барабанъ, щелкая дере-
вянными челюстями, увивался мальчишка, одѣ-
тый козой. Мужики барабанили, выкрикивая свои
приказанія медвѣдямъ: тѣ становились на заднія
лапы, рычали и гремѣли цѣпями; Жучка зали-
валась лаемъ: кутерьма была страшная! Въ пер-
вую минуту я испугалась; но потомъ, когда всѣ
высыпали на крыльцо смотрѣть медвѣжью пляс-

ку, я очень смѣялась, глядя на ихъ косолапыя штуки. Одинъ изъ нихъ, очень большой сильный медвѣдь, особенно смѣшно представлялъ, «какъ тихо бабы на барщину ходятъ и какъ съ барщины скоро домой бѣгутъ»; «какъ ребятишки горохъ воровать крадутся, а красныя дѣвушки въ зеркальце смотрятся».

Мужикамъ заплатили; Михайлу Иваныча и Марью Михайловну Топтыгиныхъ угостили хлѣбомъ, сахаромъ и водкой, которую они очень ловко выпили, взявши стаканы въ свои мохнатыя лапы, и они ушли во свояси, а я вернулась въ палисадникъ къ своимъ постройкамъ.

Передъ обѣдомъ я шла наверхъ, въ дѣтскую, чтобъ оправить волосы и платье, когда меня остановилъ на лѣстницѣ испуганный шопотъ Даши.

— Барышня! а барышня! говорила она! — знаете? Медвѣдь-то большущій самый, убѣгъ!.. Сорвался съ цѣпи и убѣгъ въ рощу. Вотъ страхъ какой!..

— Неправда. Кто тебѣ сказалъ?...

— А кучеръ Ѳока сказывалъ И Ванька «фолеторъ» тоже видалъ... Они оба въ рощу побѣгли вожакамъ помогать изловить его. Вотъ, барышня, теперь полно въ рощу-то бѣгать: страшно!

— Véra, раздался голосъ Антоніи: que faites vous là bas! Venez, je vous arangerai pour le diner.

Антонія никогда съ нами не говорила иначе,

Медвѣди становились на заднія лапы, рычали...

какъ по-французски. Я даже была увѣрена долго, что она по-русски совсѣмъ не умѣетъ, — такъ она насъ увѣрила, чтобы мы скорѣе выучились.

За обѣдомъ я передала извѣстіе о медвѣдѣ Еленѣ, и она сейчасъ же громко это всѣмъ объявила.

— Неужели это правда? обратилась бабушка къ служившимъ за столомъ лакеямъ.

Дворецкій Яковъ отвѣчалъ, что слыхалъ, но навѣрное не знаетъ; а молодые лакеи, Константинъ и Петръ, подтвердили разсказъ Даши.

Бабушка встревожилась. Тети и дядя Ростя, пріѣхавшій къ намъ на лѣто изъ Петербурга, гдѣ онъ учился въ артиллерійскомъ училищѣ, начали ее успокаивать тѣмъ, что у медвѣдя нѣтъ ни когтей, ни зубовъ.

— Да на что ему когти и зубы? говорила бабушка. Онъ просто задушить можетъ при встрѣчѣ.

— Да, разумѣется, въ медвѣжьи объятія попасть не совсѣмъ пріятно, согласилась мама.

А папа большой сказалъ, что прикажетъ узнать достовѣрно и что если это только правда, то его поймать не трудно, окруживъ рощу облавой.

— Вѣрочка, что ты такъ испуганно смотришь? обратилась ко мнѣ тети Катя.

— Что ты глаза выпучила, будто подавилась? закричала Леля.

— Какія прелестныя выраженія! Какъ не стыдно такъ глупо говорить? остановила ее мама. О чемъ ты задумалась, Вѣрочка, что съ тобой?

Я отвѣчала, что ничего, такъ себѣ...

— Ты не вздумай бояться, продолжала мама. Медвѣдя, если онъ убѣжалъ, сегодня же поймаютъ.

— Я не боюсь! отвѣчала я.

Но это была неправда: какъ я ни старалась, никакъ не могла забыть, что огромный медвѣдь поселился въ нашей рощѣ и во всякую минуту можетъ свободно явиться къ намъ.

Съ вечера поднялся вѣтеръ; зашумѣли высокія деревья, ставни наши заскрипѣли и то и дѣло хлопали гдѣ-нибудь двери. Мнѣ стало еще страшнѣй. Я все прислушивалась и поминутно вздрагивала. Когда меня уложили въ постель, я никакъ не могла заснуть; мнѣ все казалось, что вотъ-вотъ отворится дверь и вмѣстѣ съ воемъ вѣтра раздастся страшное медвѣжье рычаніе...

Какъ я жалѣла, что няня была больна и не могла разсказать мнѣ сказки!.. Пробовала я попросить Антонію разговаривать со мной; но она отвѣчала, что очень занята и продолжала писать въ смежной комнатѣ. Пришла Леля ложиться, а я все еще не спала.

— Ты чего не спишь? спросила сестра.

— Не знаю... Леля ты не слышала: поймали медвѣдя?

— Ахъ, нѣтъ! важно покачала она головой. Говорятъ, онъ спрятался въ нашемъ оврагѣ.

Она переглянулась съ маменькиной горничной Машей, которая ее раздѣвала вмѣсто няни Насты, и заговорила шопотомъ:

— А ты знаешь, что медвѣди по ночамъ всегда за добычей выходятъ?.. А оврагъ то близко!

— Ахъ! не говори! вскричала я, затыкая себѣ уши. Леля сѣла въ одной рубашкѣ на край своей кровати, обхватила руками колѣна и, раскачиваясь туда и сюда, заунывнымъ голосомъ запѣла, давно знакомую намъ старую сказку:

«Я скрипунъ-скрипунъ медвѣдь,
«Да на липовой ногѣ.
«Ужь всѣ села спитъ, всѣ деревни спятъ;
«Одна дѣвочка не спитъ: — на моей кожѣ сидитъ!
«Мою шерстку прядетъ: мою лапу сосетъ!..
«А пришелъ-то я затѣмъ,
«Что я ту дѣвчонку... съѣмъ!..

И съ этимъ послѣднимъ словомъ, которое она громко закричала, Леля неожиданно набросилась на меня, еще громче крича:

— Ай! вотъ онъ! Медвѣдь!.. Спасите!!

Не могу разсказать, что тутъ случилось. Знаю только, что я такъ ясно представила себя въ лапахъ косматаго медвѣдя, что вскрикнула не своимъ голосомъ и бросилась, вся дрожа, на шею къ прибѣжавшей въ испугѣ Антоніи.

Мы такого надѣлали шуму, что снизу прибѣжали тети узнать, въ чемъ дѣло, и мама съ бабушкой уже хотѣли всходить на лѣстницу; но тетя Катя, боясь за маму, которая была больна, закричала имъ сверху, что это пустяки, что я перепугалась чего-то во снѣ и теперь ужъ успокоилась. Бабочка, проводивъ маму назадъ въ гостиную, гдѣ онѣ играли съ папой-большимъ въ карты, все-таки вернулась къ намъ, безпокоясь обо мнѣ. Я лежала еще вся дрожа въ своей кровати; а Антонія сидѣла возлѣ, успокоивая меня и браня Лелю, и безъ того сильно сконфуженную. Крѣпко ей досталось и отъ бабушки, хотя я и увѣряла, что это ничего, что ужъ я больше не боюсь...

Мнѣ, дѣйствительно, было очень стыдно своего глупаго испуга, надѣлавшаго переполохъ во всемъ домѣ.

Нѣсколько дней послѣ этого я все-таки еще помнила о медвѣдѣ и боялась оставаться въ сумерки одна на балконѣ; а, гуляя, постоянно оглядывалась при каждомъ шорохѣ. Наконецъ, впечатлѣніе страха изгладилось, и я совершенно забыла, какъ и другіе, о медвѣдѣ и обо всей этой исторіи.

XVI.

Страшная встрѣча.

Въ одинъ день утромъ мы всѣ, т. е. Надя, Леля и я, собрались идти въ рощу за бабочками, въ сопровожденіи Натальи, старшей бабушкиной горничной и еще двухъ или трехъ горничныхъ, съ сѣтками и ящиками. Я вѣдь говорила вамъ, что у бабушки были большія коллекціи всякихъ насѣкомыхъ?..

Ея кабинетъ былъ полонъ замѣчательныхъ коллекцій не только бабочекъ, но разныхъ звѣрей и птицъ, древностей, монетъ, окаменѣлостей и всевозможныхъ рѣдкостей. Многіе ученые люди были въ перепискѣ съ бабушкой и нарочно пріѣзжали издалека, чтобъ съ нею познакомиться и посмотрѣть ея кабинетъ... Но я разскажу вамъ о немъ подробнѣе позже, хотя въ то время я еще была слишкомъ мала, чтобъ замѣчать то, о чемъ придется мнѣ говорить съ вами, когда я дойду до описанія ея кабинета.

Я тогда только знала, что бабушка накалываетъ бабочекъ и жуковъ рядами въ стеклянныхъ ящикахъ съ надписями надъ каждымъ изъ нихъ; но зачѣмъ ей были они нужны, — меня совсѣмъ не занимало.

Итакъ, мы отправились съ сѣтками на плечахъ, очень довольныя предстоявшей прогулкой. День былъ чудесный; солнце ярко горѣло въ безоблачномъ небѣ, птицы заливались и пчелы неумолчно жужжали въ цвѣтущей липовой аллеѣ. Когда мы вышли на лужайку, за оврагомъ, у насъ глаза разбѣжались на яркіе цвѣты, пестрѣвшіе въ нескошенной травѣ, на бѣлый, желтый и розовый шиповникъ, на множество мотыльковъ, букашекъ и мушекъ, порхавшихъ между кустами, жужжа и переливаясь въ горячихъ лучахъ свѣта.

Мы горячо принялись за работу, но, правду сказать, болѣе разгоняли бабочекъ, чѣмъ ихъ ловили. Я даже вовсе не ловила: мнѣ такъ было жалко бѣдняжекъ, когда Наталья или Матрена, тетина горничная, придавливали имъ головки и полумертвыхъ клали въ картонный ящикъ, что почти каждый разъ, какъ попадалась ко мнѣ въ сѣтку пестрая бабочка, я, полюбовавшись ею, пускала ее на волю.

Радостно слѣдила я, какъ она вылетитъ изъ сѣтки, трепеща крылышками: бросится, будто отъ страха, въ одну сторону, въ другую, потомъ полетитъ плавнѣе и пойдетъ спускаться съ одного цвѣтка на другой, облетая каждый, будто выбирая лучшій... Наконецъ, выберетъ,—легонько уцѣпится тоненькими лапками и качается вмѣстѣ съ цвѣткомъ, медленно закрывая и распуская пестрыя крылышки... Мурлыкая себѣ какую-то пѣсенку, безпрестанно останавливаясь, чтобъ сорвать цвѣтокъ или поближе разсмотрѣть какую нибудь козявку, заползавшую въ чашечку шиповника, я направилась къ опушкѣ рощи. Мнѣ было очень жарко; меня манили туда тѣнь и прохлада.

Я оглянулась...

Леля съ Надей растянулись въ тѣни большаго куста шиповника въ пахучей травѣ и громко смѣялись, о чемъ то разговаривая; три дѣвушки разбрелись въ разныя стороны, занятыя ловлей бабочекъ; на меня никто не обращалъ вниманія... Я дошла до рощи, сняла съ шеи платочекъ, сбросила шляпку съ разгорѣвшагося лица на спину и побрѣла себѣ, сама не зная зачѣмъ въ самую частую чащу. Мнѣ очень хотѣлось зайти какъ можно глубже въ лѣсъ, — спрятаться отъ палившаго меня жара, но странно! — чѣмъ болѣе подвигалась я между деревьями, они словно рѣдѣли предо мною... Чаща разступалась, убѣгала все дальше и дальше, какъ заколдованная, и я никакъ не могла въ нее углубиться.

«Сяду-ка я, отдохну немножко!» подумала я, лѣниво раздвигая вѣтви березняка и едва переступая отъ усталости. Я подошла къ высокой березѣ и сѣла у подножія ея, разроня въ всѣ набранные мною цвѣты и сѣтку бросивъ въ сторону. «Хорошо бы было подложить подъ голову всѣ эти цвѣты, думалось мнѣ уже сквозь сонъ. Такъ бы славно заснуть на колокольчикахъ и ландышахъ... И сколько ихъ тутъ еще растетъ... бѣлѣется кругомъ... Сейчасъ нарву еще и подложу вмѣсто подушки...»

Но я не успѣла испонить этого, потому что глаза мои сомкнулись, голова прислонилась къ стволу березы и я сладко уснула.

Долго ли я проспала?—не знаю. И вдругъ разомъ проснулась, испуганная какимъ-то, показалось мнѣ, рычаніемъ или ревомъ...

Я сѣла, сразу выпрямившись и широко открывъ глаза, прислушивалась.

«Что это? показалось мнѣ это или въ самомъ дѣлѣ?.. Да гдѣ же это я?.. Ахъ! да это я въ лѣсу заснула и ужь кажется вечеръ?.. Да гдѣ же всѣ?..»

«Надя! Леля!» собралась я, было, закричать... но вдругъ что-то опять невдалекѣ отъ меня засопѣло и я такъ и застыла съ открытымъ ртомъ, словно захлебнувшись собственнымъ голосомъ.

Захрустѣли вѣтви, зашелестилъ кустарникъ и поднялось изъ за него что-то темное, большое, прямо надо мною.

«Медвѣдь!»—какъ молнія, блеснула мнѣ мысль и я, не помня себя, съ громкимъ крикомъ повалилась лицомъ на землю. Нехорошую минутку пережила я тутъ, лежа въ ужасѣ, вся похолодѣлая, ожидая... Что-то подошло ко мнѣ, наклонилось и вдругъ, облапивъ, приподняло съ земли.

Въ ушахъ у меня зазвенѣло, въ глазахъ стало темно и съ громкимъ крикомъ я рванулась и, размахнувшись, что было силы ударила медвѣди по лицу!..

— Вѣрочка! что ты?!. закричалъ медвѣдь, отшатнувшись въ удивленіи.

Но я его не слушала и, крича изо всей мочи, отбиваясь отъ него руками и ногами, продолжала колотить его по чему попало: по головѣ, по плечамъ, по лицу.

— Господи!.. Вѣра! Вѣрочка, да что съ тобой? кричалъ медвѣдь, стараясь поймать мои руки.

Тутъ я рѣшилась открыть зажмуренные отъ страха глаза и сквозь слезы узнала... лицо своего дяди Рости,

Я такъ изумилась, что даже замолчала. Но только на одну минутку, потому что слезы душили меня. И стыдно мнѣ было, и досадно, и все еще страшно!.. Я такъ была увѣрена, что это пришелъ съѣсть меня медвѣдь, что никакъ не могла опомниться и понять, что никто меня ѣсть не намѣренъ и что я лежу не въ лапахъ косматаго Мишки, а на рукахъ у своего молодого, добраго дяди Ростислава, одѣтаго въ юнкерскую шинель на распашку. Онъ, было, разсердился, когда я начала его бить, но потомъ испугался, не понимая что со мною сдѣлалось?

— Не узнала ты меня, что ли? спрашивалъ онъ, стараясь меня успокоить.

Я черезъ силу, всхлипывая, объяснила:

— Я... дума...ла вы... мед...вѣдь!

Дядя расхохотался.

— Ахъ! ты мышь этакая!.. воскликнулъ онъ, Храбрая какая!.. Такъ это ты хотѣла медвѣдя побить? Да какъ это ты забралась сюда одна, скажи, пожалуйста?..

И дядя, все смѣясь и, называя меня храброй мышью и воинственной куропаткой, повелъ меня домой.

Дома всѣ были встревожены моимъ отсутствіемъ. Наталья, только что вернувшаяся изъ рощи съ Надей и Лелей, была увѣрена, что я шла впереди: очень испугавшись, она собиралась идти искать меня, когда изъ липовой аллеи вышелъ дядя, держа меня, сконфуженную и заплаканную, за руку.

— Вотъ, сказалъ онъ:—рекомендую вамъ храбрую куропатку, которая воевала въ лѣсу со страшнымъ медвѣдемъ. Медвѣдь хотѣлъ ее съѣсть,—но она не испугалась и такъ его поколотила, что онъ убѣжалъ!.. Ахъ, ты мышка, мышка! И не жаль тебѣ было бѣднаго медвѣдя? пошутилъ дядя, ущипнувъ меня за щеку, и ушелъ, смѣясь и не отвѣчая ни слова на разспросы, съ которыми всѣ къ нему приставали. Сестра и тетя Надя приступили ко мнѣ:

— Какой медвѣдь? какъ ты его побила? гдѣ ты была?..

Но я также ничего не хотѣла объяснять имъ, потому, что мнѣ было очень стыдно своей новой глупости.

Я надулась и, отбиваясь отъ нихъ локтями, сердито ушла наверхъ. Я ужасно боялась, чтобы дядѣ Ростѣ не вздумалось разсказать объ этомъ происшествіи за обѣдомъ; но, спасибо ему, онъ вѣрно понималъ мой страхъ и только раза два улыбнулся, называя меня храброй мышью, но никому не разсказалъ ничего.

XVII.

Рожденіе брата Леонида.

Была половина лѣта. Роща наша потемнѣла: прошла пора не только фіалокъ, ландышей и сирени, но отцвѣли и липы, а вмѣсто разноцвѣтныхъ дикихъ розъ на шиповникѣ вызрѣвали красивыя сѣмена.

Разъ послѣ обѣда мы сидѣли съ тетей Надей и сестрой однѣ въ гостинной. Въ домѣ была какая-то суета; всѣ старались не шумѣть, ходили на цыпочкахъ, плотно притворяли двери; горничныя чаще бѣгали по всѣмъ комнатамъ, прислуга перешентывалась; тетя Катя и Антонія смотрѣли озабоченно и разсѣянно относились къ нашимъ вопросамъ: однимъ словомъ, мнѣ было ясно, что происходитъ что-то необыкновенное, о чемъ Надя съ Лелей знали, но не хотѣли разсказать мнѣ. Я напрасно цѣлый день искала бабочки или няни Насты: ихъ совсѣмъ не было видно!

Дѣдушка уѣхалъ въ городъ и за обѣдомъ даже никого не было, кромѣ дяди, насъ, да урывками тети Кати.

— Вѣрно мама больна? Мама или бабочка, потому что ихъ нигдѣ нѣтъ, рѣшила я.

— Никто не боленъ, отвѣчала тетя. Сидите только смирно. Самое лучшее, идите ко мнѣ наверхъ, съ миссъ Джефферсъ и будьте съ нею!

Идти сидѣть со скучной англичанкой! Да ни за что! Мы выпросили позволеніе оставаться въ гостиной. Надя и Леля стали играть въ карты; а я сѣла на коверъ и строила карточные домики.

Но игра ихъ плохо клеилась. Онѣ обѣ то и дѣло выбѣгали на балконъ, въ палисадникъ и все шептались между собой и пересмѣивались. Мои домики тоже не держались на коврѣ; я перенесла свое хозяйство подальше, на полъ и, наконецъ, успѣла-таки вывести высокій дворецъ въ нѣсколько этажей.

— Смотрите, смотрите, какой я домъ выстроила! кричала я въ восторгѣ.

Оставалось только поставить послѣднія двѣ карты: острую крышу. Я тихонько, съ бьющимся сердцемъ выводила этотъ окончательный сводъ, забывъ обо всемъ, думая только, что вотъ сейчасъ отойду и буду любоваться своимъ произведеніемъ издали... Какъ вдругъ съ силой распахнулась дверь и фр...ррь! — тетя Катя, взмахнувъ платьемъ, вмигъ разнесла мой домъ по всей комнатѣ.

— Ахъ, тетя, гадкая! Противная тетя! въ избыткѣ отчаянія закричала я, чуть не плача.

— Что, моя милая? Что я такое сдѣлала? бросилась ко мнѣ тетя.

— Какъ что! Весь домъ повалила!..

— Домъ? какой домъ?.. Ахъ, да! карточный!.. Ну, это ничего: я тебѣ послѣ лучшій выстрою. А ты перестань плакать... Послушай лучше, что я тебѣ скажу!

Тетя сѣла, посадила меня къ себѣ на колѣна, а Лелю взяла за руку и сказала, весело улыбаясь:

— Дѣти! у васъ родился братъ. Слышите?— Маленькій, маленькій братецъ!

— Братъ?.. закричала Леля и, вскочивъ, запрыгала на одной ногѣ вокругъ комнаты, припѣвая: братъ, братъ, братъ!..

— Тише, тише, остановила тетя ея веселье, спуская меня на полъ.—Не шуми, Леля!

— А что такое? Развѣ онъ спитъ? спросила Леля.

— Развѣ Леничкѣ нехорошо? испугалась тетя Надя за нашу маму.

— Нѣтъ, ничего; только все же не надо шумѣть.

— Какой же это братъ? опомнилась, наконецъ, и я.—Покажите мнѣ его! Я хочу его посмотрѣть!..

— Подожди: увидишь. Теперь нельзя, а послѣ тебѣ покажутъ. И тетя поспѣшно вышла въ другую комнату писать какое-то письмо.

— Ну, что-же это такое, право? закапризничала я:—послѣ! когда послѣ? Я теперь хочу!.. сейчасъ. Я пойду туда, къ мамѣ... Леля, а Леля! пойдемъ къ мамѣ!..

— Отстань! Пошла прочь! отогнала меня сестра, шептавшаяся о чемъ-то съ Надей.

Онѣ забились въ уголъ и о чемъ-то горячо разсуждали и спорили.

— Пожалуй, только мы оттуда ничего не увидимъ, говорила Надя.

— Ну вотъ еще! Я же знаю: отлично все увидимъ! Пойдемъ, попробуемъ! убѣждала Леля.

— Хорошо, пойдемъ.

И, взявшись за руки, онѣ выскользнули въ балконную дверь и крѣпко ее за собой притворили.

— Куда вы? закричала я, оставшись одна.— Пустите меня! И я хочу съ вами... пустите! Мнѣ одной скучно!.. Отворите!.. отчаянно заревѣла я, дергая ручку дверей вверхъ и внизъ.

— Ахъ, ты противная дѣвчонка! вскричала Леля, быстро пріотворивъ дверь:—не кричи! Пошла вонъ, слышишь?..

— Не пойду! я тоже съ вами хочу!.. Куда вы идете?

— Пусти ее, Леля: пускай идетъ съ нами, сказала Надя.—Я ее подержу... Иди, Вѣра.

— Да какъ же она пойдетъ съ нами? Она вѣдь свалится.

— Не свалится. А если бы и упала—не бѣда! Здѣсь не высоко. И тетя Надя продернула меня въ дверь.

Былъ уже вечеръ; тихая теплая облачная ночь, полная запахомъ цвѣтовъ, резеды и душистаго горошку, которые цвѣли въ полисадникѣ. Свѣтъ отъ оконъ ложился яркими полосами на гряды и кусты; только крайнее, угловое окно маминой спальни свѣтилось тускло. Сердце во мнѣ замирало: мнѣ было и весело, и страшно чего-то: я угадывала, что мы сейчасъ что-то такое особенное сдѣлаемъ,—но что именно? Я сгорала любопытствомъ и ожиданіемъ.

— Кто пойдетъ первый? шопотомъ спросила Елена.

— Все равно. Хочешь, я?..

— Нѣтъ! лучше меня пусти впередъ! бойко вызвалась сестра.

— Хорошо, иди!

— Да куда это? спросила я, вся замирая.

— Молчи! прикрикнула Леля.

Она подошла къ крыльцу, шедшему вдоль стѣ-
ны, и, не спускаясь на ступеньки, держась за кар-
низъ и подоконники, къ стѣнѣ лицомъ, осторожно
пошла вдоль по узенькому выступу, шедшему во-
кругъ нижняго этажа дома. Подобравшись подъ
окошко спальной, она остановилась, вглядываясь
въ стекла.

— Что? видишь что-нибудь? шепнула ей из-
дали Надя.

— Вижу! Все вижу. Иди скорѣй!

— Ты лучше оставайся, сказала мнѣ Надя: по-
стой здѣсь, а то еще упадешь.

— Нѣтъ, нѣтъ. Не упаду. Я тоже хочу посмо-
трѣть!.. Надя отправилась вслѣдъ за сестрой по
карнизу, а я за ней шагъ за шагомъ, съ бьющим-
ся отъ волненія сердцемъ. До земли было не бо-
лѣе двухъ аршинъ, но я увѣрена, что будь подо
мною бездонная пропасть, я бы точно также от-
правилась за ними.

Вѣтки кустарника били меня по ногамъ, задѣ-
вали по лицу, цѣплялись за платье и волосы. Я не
обращала ни на что вниманія, глядя на Лелю, ко-
торая припала къ стеклу лицомъ и, казалось, о
насъ и забыла... Это мамино окно мнѣ представля-
лось чѣмъ-то волшебнымъ: дойти бы только,—
взглянуть,—а тамъ будь, что будетъ!..

И вотъ мы добираемся до завѣтныхъ стеколъ,— добрались! Я припадаю къ нимъ, жадно смотрю... но ничего не различаю въ большой, сумрачной комнатѣ.

Надя съ Лелей перешептываются:

— Вонъ видишь тамъ, на диванѣ, бѣлое! Видишь?..

— Да это просто двѣ подушки кто-то положилъ.

— Какъ-же, просто!.. А между подушками-то онъ и лежитъ, ребенокъ!.. Я сейчасъ его видѣла: бабочка его открывала.

— Гдѣ? гдѣ?.. Покажите мнѣ его! умоляла и.

Вдругъ въ комнатѣ произошло движеніе: все ярче тамъ освѣтилось, кромѣ кровати, на которой, я знала, лежала мама. Я ясно увидѣла на диванѣ что-то бѣлое и впилась въ это глазами, надѣясь увидать своего маленькаго брата.

— Ай! вдругъ вскрикнула Леля:—маменька намъ грозитъ!

Въ самомъ дѣлѣ я увидала, надъ подушками руку въ бѣломъ рукавѣ, медленно грозившую намъ пальцемъ. Въ ту же минуту тетя Катя быстро подошла къ окну, вглядываясь въ наши лица. Черныя брови ея были нахмурены, но она улыбалась... Погрозивъ намъ, она пошла къ дверямъ.

— Убѣжимъ! закричала Леля и спрыгнула въ кусты: за нею и Надя, и ужъ не знаю, которая изъ нихъ меня толкнула, только я сорвалась съ карниза и покатилась въ траву...

Испуганная паденіемъ, я перепугалась еще больше, услышавъ на балконѣ тетинъ сердитый голосъ:

— Идите сюда, шалуньи! Вотъ мама велѣла надрать вамъ уши и сейчасъ отправить къ миссъ Джефферсъ.

Раздался визгъ: я поняла, что Леля попалась тетѣ Катѣ, и хотя очень хорошо знала, что въ этомъ ровно ничего нѣтъ страшнаго, но вскочила, будто бы за мною кто-нибудь гнался, шмыгнула въ калитку палисадника, оттуда за ворота, спрыгнула въ неглубокую, сухую канавку и забилась подъ мостикъ.

Не пролежала я тамъ и минуты, какъ услышала невдалекѣ стукъ колесъ и обомлѣла, вспомнивъ, что каждый въѣзжавшій въ ворота долженъ былъ проѣхать по этому мостику.

Мнѣ вмигъ представилось, что мостикъ долженъ непремѣнно провалиться и экипажъ съ лошадьми задавить меня... Я хотѣла закричать, хотѣла выскочить и убѣжать, но, слава Богу! — не успѣла сдѣлать ни того, ни другаго, какъ надъ моей головой уже раздался оглушительный топотъ, стукъ и громъ, изъ щелей посыпался на меня соръ и пыль, и дѣдушка благополучно проѣхалъ къ крыльцу дачи. Успѣй только я исполнить свое намѣреніе, — лошади могли бы испугаться и Богъ вѣсть какое несчастіе случилось бы изъ за моей глупости!

Блѣдная, грязная, кашляя отъ пыли, вылѣзла я изъ подъ канавнаго мостика и тихонько побрела въ домъ.

Тамъ, за общей суетой, никто меня не хватился; няня одна, раздѣвая меня послѣ чаю, удивилась, гдѣ я могла такъ переначкаться?.. Но я ей побоялась разсказать въ чемъ дѣло, и такъ никто много лѣтъ не зналъ, какимъ происшествіемъ ознаменовался для меня день рожденія брата Леонида.

Послѣдній мѣсяцъ на дачѣ не былъ такъ веселъ для меня, какъ начало лѣта. Роща наша очень измѣнилась: порѣдѣла, опустѣла и наводила скуку шуршаніемъ желтыхъ листьевъ подъ ногами и завываніемъ вѣтра въ деревьяхъ. Еще въ солнечные дни она была красива, вся пестрая, съ яркими гроздьями калины и рябины, выглядывавшими изъ за кое-гдѣ уцѣлѣвшей, темной зелени и съ красивыми шишками шиповника, изъ котораго я любила низать коралловыя ожерелья. Но дожди стали перепадать все чаще и чаще, а въ сѣрые, ненастные дни, куда какъ скучно смотрѣла наша дача!.. Разъ я очень обрадовалась: у мамы, плохо поправлявшейся послѣ болѣзни, затопили печку и насъ позвали смотрѣть, какъ купаютъ братца. Я была въ большой дружбѣ съ его кормилицей Ольтой,—высокой, здоровой бабой, которая такъ смѣшно говорила: совсѣмъ по деревенски. Разъ или два она дала мнѣ подержать укутаннаго въ одѣяльцо Лиду, чѣмъ я очень была довольна; но теперь, увидавъ его въ первый разъ прикрытаго только одной мокрой пеленочкой, какой онъ лежалъ красный, да крошечный,—я даже испугалась! Мнѣ все казалось, что Ольга его нечаянно утопитъ; что онъ, бѣдненькій, захлебнется и съ тѣхъ поръ я долго боялась брать его на руки.

Вскорѣ мы переѣхали въ городъ. Я была рада вернуться въ нашъ большой домъ, увидать снова бульваръ нашъ, хотя и онъ показался мнѣ очень некрасивымъ и пыльнымъ. Когда мы уѣзжали, изъ за зелени его возвышался только куполъ собора, да колокольня; а теперь онъ весь былъ сквозной, такъ что даже не закрывалъ проходившихъ по аллеямъ людей.

Эта осень ознаменовалась тѣмъ, что меня начали гораздо больше и серьезнѣе занимать уроками. Не только Антонія, но и миссъ Джефферсъ перешла отъ нагляднаго обученія къ англійскому букварю. До этого времени она со мной еще не занималась грамотой, а только разговоромъ и обученіемъ словъ, за которое она бралась очень оригинально. Усадивъ меня рядомъ съ собою, она начинала съ того, что перекашивала еще больше свои и безъ того косые глаза, изъ которыхъ одинъ былъ карій, а другой зеленый, и, тыкая пальцемъ въ разные предметы, нараспѣвъ восклицала:

— O! — book... O! — flower... O! — chair... O! — table.. и такъ далѣе, пока не перебирала всего, что было въ комнатѣ, съ трудомъ заставляя меня повторять вслѣдъ за нею. Ея длинная, безобразная фигура и мѣрныя, заунывныя восклицанія до того меня смѣшили, что я съ трудомъ могла воздерживаться отъ смѣха...

Тѣмъ не менѣе «миссъ» — какъ называли ее всѣ въ домѣ, добилась того что менѣе чѣмъ въ два года, мы съ сестрой совершенно свободно говорили съ ней и между собою на ея родномъ языкѣ.

XVIII.

Новая зима.

Съ снѣгомъ поздравляю васъ! разбудила насъ утромъ няня.—Съ первымъ снѣжкомъ—заячьимъ слѣдкомъ!.. Вставайте-ка скорѣе: поѣдемъ въ санкахъ кататься.

— Въ санкахъ, няня? радостно вскочила я—въ самомъ дѣлѣ?.. А какъ-же вчера была такая грязь?..

— Ну что-же? Вчера была грязь, а ночью подулъ вѣтеръ, нагналъ снѣжныя тучи, морозъ прохватилъ землю и вотъ къ утру все одѣлось снѣгомъ, отозвалась намъ бабочка, выходя изъ своего кабинета. Она всегда, и лѣто и зиму вставала въ шесть часовъ. Посмотрите, какъ славно все на дворѣ: свѣтло и бѣло! И она отдернула занавѣсъ окна.

Леля, до сихъ поръ лежавшая клубочкомъ подъ теплымъ одѣяломъ, вдругъ вскочила и босикомъ подбѣжала къ окну.

— Леля, Леля! закричала на нее бабочка:—простудишься! Пошла въ постель, надѣнь чулки и башмаки,—тогда бѣгай сколько хочешь.

Меня Наста уже одѣвала. Я тряслась, совсѣмъ не отъ холода, а только потому что, заглядывая въ окно, воображала, какъ тамъ должно быть холодно. Все за окномъ было ослѣпительно свѣтло отъ яркой бѣлизны перваго снѣга, пушисто облегавшаго крыши, деревья и все, что было у меня передъ глазами. Воздухъ былъ испещренъ его крупными, мохнатыми хлопьями, мягко ложившимися на землю. Все было тихо, словно и люди, и звѣри притаились. Неслышно было ни уличнаго шума, ни стука экипажей, ни лая, ни чириканья птицъ; не видно никакого движенія, кромѣ падавшихъ бѣлыхъ хлопьевъ, которые безостановочно летѣли внизъ, догоняя другъ друга, цѣпляясь на пути, мелькая частой сѣткой въ ослѣпительной желтоватой мглѣ...

У меня зарябило въ глазахъ. Я отвернулась, закрывъ лицо руками, и спросила:

— Бабочка! Отчего такъ тихо? Гдѣ всѣ люди и птицы?..

— Люди сидятъ по домамъ, а птицы тоже попрятались. Посмотри, вонъ подъ навѣсомъ крыши, по карнизу, сколько сидитъ, нахохлившись, голубей! Они жмутся къ стѣнкѣ,—отъ снѣга прячутся; а какъ только онъ перестанетъ идти, они всѣ и слетятъ за кормомъ. И воробьи тогда вылетятъ, зачирикаютъ, запрыгаютъ по двору, да пожалуй еще и передерутся отъ радости, что зима пришла...

— А вонъ тамъ ворона! перебила я бабушку, показывая на черную птицу, тяжело перелетавшую съ соборнаго купола на колокольню.—Ишь, какъ каркаетъ!.. Она, вѣрно, снѣгу не боится?

— Вороны — зимнія птицы; онѣ холоду не боятся. Погляди, сколько ихъ на колокольнѣ! Кресты соборные, словно чернымъ бисеромъ, ими всѣ унизаны.

— Гадкая птица ворона! Я ея не люблю, сказала Леля.

— Чѣмъ же она гадкая?

— Некрасивая. Неуклюжая, черная, толстая!.. А какъ захочетъ запѣть, такъ такъ противно каркнетъ!

— Чѣмъ же она виновата, что ее Богъ такою сотворилъ? сказала бабушка. Значитъ, ты всѣхъ некрасивыхъ не любишь?.. Ну, вотъ и я тоже толстая, неуклюжая и пѣть не умѣю, такъ ты и меня за это не будешь любить?..

— Ну, вотъ еще, бабочка! Что это вы говорите, сконфуженно пробормотала Леля, вся покраснѣвъ, но тутъ же расхохоталась.—Развѣ вы птица?. Зачѣмъ человѣку пѣть? Вы отлично играете на фортепіано, рисуете, сколько знаете разныхъ работъ!.. Вышиваете шелками, вяжете кружева, клеите изъ картона и раковинъ разныя вещи! Дѣлаете такіе прелестные цвѣты!.. Господи! А знаете то вы сколько!.. Всему вы можете учить: и исторіи, и географіи! На сколькихъ языкахъ вы говорите! Собираете древности, монеты... Боже мой, Боже! Чего только вы не знаете!..

— Та-та-та!—затараторила!.. прервала ее бабушка.—Ты, кажется, въ самомъ дѣлѣ думаешь, что я, какъ ворона въ баснѣ, сейчасъ и уши развѣшу на твое лисинькино пѣнье?.. Ахъ, ты Лиса Патрикѣевна!.. Ты лучше не перебирай, что я знаю и чего не знаю, а старайся лучше готовить мнѣ уроки, чтобы самой больше знать.

И бабушка обняла Лелю, цѣлуя ея курчавую голову, а я сама къ ней бросилась, увѣряя, что другой такой доброй да умной и во всемъ свѣтѣ не сыщешь! Я въ томъ была убѣждена и тогда, и теперь осталась на всю жизнь увѣренной. Бабушка моя Елена Павловна Фадѣева была такая замѣчательная женщина, какихъ на свѣтѣ мало.

Она очень любила серьезныя занятія и такая была ученая, что всѣ изумлялись ея глубокимъ знаніямъ. Но еще больше наукъ и всего на свѣтѣ она любила свою семью, въ особенности насъ, своихъ внуковъ.

Она и учила насъ и умѣла насъ забавлять, какъ никто другой не могъ. Я ничего такъ не любила, какъ ея чудесные разсказы и могла ихъ слушать по цѣльнымъ часамъ.

Въ пять, шесть лѣтъ у дѣтей немного уроковъ: я обыкновенно кончала свои до завтрака, а потомъ гуляла, играла и могла дѣлать все, что хочу. А хотѣла я, всего чаще, тихонечко пробираться наверхъ, въ комнаты бабушки. Если я не находила ее въ спальной за какимъ-нибудь рукодѣліемъ, то ужъ я знала, что она въ кабинетѣ,— рисуетъ цвѣты или занимается, чѣмъ нибудь «серьезнымъ»...

Кромѣ всякихъ вышиваній, вязаній, плетеній, бабушка умѣла дѣлать множество интересныхъ работъ. Она дѣлала цвѣты изъ атласа, бархата и разныхъ матерій; она клеила изъ картона, раковинъ, цвѣтной и золотой бумаги, изъ битыхъ зеркальныхъ стеколъ, изъ бусъ и пестрыхъ семечекъ такія чудныя вещи, что чудо! Она переплетала книги *). Сама, бывало, напишетъ что-нибудь,

*) Недавно тетка моя, И. А. Фадѣева, подарила С.-Петербург-

9*

сама разрисуетъ, сама и въ книгу переплететъ...
Но всего лучше она рисовала, особенно цвѣты.
Мы, дѣти, были увѣрены, что не было на свѣтѣ та-
кой работы, которой бы бабушка не знала!

Но всѣ эти занятія считались ею пустяками,
только отдыхомъ отъ серьезнаго дѣла... «Серьез-
но» занималась бабушка у себя въ кабинетѣ. Тамъ
она читала и писала на нѣсколькихъ извѣстныхъ
ей языкахъ; разбирала свои собранія рѣдкостей:
камней, раковинъ, растеній; разныхъ насѣкомыхъ
звѣрей и птицъ; разныхъ древнихъ вещей,—ока-
менѣлостей, монетъ (старинныхъ денегъ), руко-
писей. Все это она сама распредѣляла, надписы-
вала и красиво устраивала въ шкафахъ и ящи-
кахъ подъ стекломъ, на полкахъ и по стѣнамъ
своего кабинета.

Не диво, что я любила въ этотъ кабинетъ за-
бираться! Чего-чего въ немъ не было?!.

скому Императорскому Университету 20 томовъ книгъ, по различ-
нымъ отраслямъ естественныхъ наукъ (зоологіи, ботаники, а так-
же археологіи и нумизматики) съ рисунками Е. П. Фадѣевой. Онѣ
находятся теперь въ Университетской библіотекѣ, въ отдѣльной
витринѣ.

XIX.

Разсказы моей бабушки.

Пріотворяла я тихонечко въ него дверь и заглядывала… Если бабушка подымала голову изъ-за своего рабочаго стола и, выглянувъ изъ-за массы живыхъ цвѣтовъ, всегда ее окружавшихъ, ласково мнѣ улыбалась,—я входила смѣлѣй и поближе къ ней подсаживалась. Если же не замѣчала моего прихода, или, еще того хуже,—увидавъ, оставалась серьезна, нахмуривъ озабоченно брови,—тогда я быстро садилась, гдѣ попало, поодаль и тамъ ждала, притаившись, пока она меня подзывала.

Иногда мнѣ подолгу приходилось этого ждать, но я не унывала и не скучала. Въ бабушкиномъ кабинетѣ было на что поглядѣть и о чемъ призадуматься!.. Стѣны, полъ, потолокъ, все было покрыто диковинками. Днемъ эти диковинки меня очень занимали, но въ сумерки я бы ни за что не вошла одна въ бабушкинъ кабинетъ!

Тамъ было множество страшилицъ.

Одинъ фламинго ужъ чего стоялъ!..

Фламинго – это бѣлая птица на длинныхъ ногахъ, съ человѣка ростомъ. Она стояла въ угловомъ стекляномъ шкафу.

Вытянувъ аршинную шею, законченную огромнымъ крючковатымъ, чернымъ клювомъ, размахнувъ широко бѣлыя крылья, снизу ярко-красныя, будто вымазанныя кровью,—она была такая страшная!.. На бѣду моя старшая сестра-шалунья, разсказала мнѣ цѣлую сказку объ этомъ набитомъ чучелѣ.

Будто фламинго ночью оживаетъ, крыльями хлопаетъ, раззѣваетъ клювъ и челюстями постукиваетъ; а потомъ идетъ разыскивать себѣ пищу...

— А ѣстъ онъ, знаешь, что?—сочиняла моя сестрица,—м а л е н ь к и х ъ д ѣ т е й!.. Да! Онъ имъ носомъ голову пробиваетъ, кровь ихъ пьетъ и, наѣвшись, вытираетъ клювъ крыльями... Оттого-то они у него и такія красныя—кровавыя!..»

Разумѣется, бабушка, узнавъ о выдумкѣ сестры, ее побранила, а меня разувѣрила. Я и сама понимала, что чучело не могло ходить, но все-же побаивалась... И н е о д н о г о фламинго! Было у него много еще страшныхъ товарищей:—совъ желтоглазыхъ, хохлатыхъ орловъ и филиновъ, смотрѣвшихъ на меня со стѣнъ; оскаленныхъ зубовъ тигровъ, медвѣдей и разныхъ звѣриныхъ, мордъ, разостланныхъ по полу шкуръ.

Но былъ у меня, между этими набитыми чучелами одинъ самый дорогой пріятель: бѣлый, гладкій, атласистый тюлень изъ Каспійскаго моря.

Въ сумерки, когда бабушка кончала денныя

занятія, она любила полчаса посидѣть, отдыхая въ своемъ глубокомъ креслѣ, у рабочаго стола, заваленнаго бумагами, уставленнаго можествомъ растеній и букетовъ.

Тогда я знала, что наступило мое время.

Весело притаскивала я своего атласистаго друга за распластанный хвостъ, къ ногамъ бабушки; располагалась на немъ какъ на диванѣ, опираясь о его глупую, круглую голову и требовала разсказовъ.

Бабушка, смѣясь, ласково гладила меня по волосамъ и спрашивала:

— О чемъ-же мнѣ сегодня тебѣ разсказать сказку?

— О чемъ хотите!—отвѣчала я обыкновенно.

Но тутъ же прибавляла, указывая на какую нибудь мнѣ неизвѣстную вещь:

— А вотъ объ этомъ разскажите, что это за штука такая?

И бабушка разсказывала.

Разсказы ея совсѣмъ были не сказки, хотя она ихъ такъ шути называла; но никакія волшебныя сказки не могли бы меня больше занять. Нѣкоторыя изъ нихъ я до сихъ поръ прекрасно помню.

Прислопенпее къ стѣнѣ кабинета стояло изогнутое бревно,—какъ я прежде думала: круглый, толстый стволъ окаменѣлаго дерева. Вотъ я разъ и спросила: что это такое?.. Бабушка объяснила мнѣ, что вовсе это не дерево, а громадный клыкъ животнаго, жившаго на свѣтѣ нѣсколько тысячъ лѣтъ тому назадъ... Этотъ звѣрь назывался: мамонтъ.

Онъ былъ похожъ на слона, только гораздо больше нынѣшнихъ слоновъ.

— А вотъ и зубъ его!—разъ указала мнѣ бабушка,—ты этого зубка не подымешь.

— Куда поднять! Это былъ камень въ четверть аршина шириною и вершковъ семь длиной. Я ни за что не вѣрила! Думала—бабушка шутитъ!.. Но разсмотрѣвъ камень, увидала, что онъ точно имѣетъ форму зуба.

— «Вотъ былъ великанъ!»—вскричала я!— Какъ я думаю, всѣ боялись такого страшилища! Онъ, вѣрно, ѣлъ людей и много дѣлалъ зла?.. Вѣдь такими клыками можно взрывать цѣлые дома?

— Разумѣется, можно. Но мамонты не трогали ни людей, ни звѣрей, если ихъ не сердили. Они, какъ и меньшіе братцы ихъ—слоны, питались только травами, фруктами, всѣмъ, что растетъ. Мамонты не ѣли ничего живого, никакого мяса,—зачѣмъ-же имъ было убивать? Но были въ тѣ далекія времена,—гораздо прежде нотопа,— другіе страшные кровожадные звѣри, которыхъ теперь ужь нѣтъ. Они гораздо больше нынѣшнихъ дикихъ звѣрей. Больше тигровъ, львовъ, крокодиловъ; даже больше жирафовъ, гиппопотамовъ и китовъ! Ихъ было такое множество, что бѣдные люди, не имѣвшіе тогда никакого оружія, уходили отъ нихъ жить, съ земли, на рѣки и озера. Они себѣ строили на водѣ плоты изъ бревенъ, а на плотахъ сколачивали хижинки или шалаши вмѣсто домовъ и на ночь снимали сходни, соединявшіе ихъ съ берегомъ. Но и то плохо помогало! Вѣдь и въ водахъ жили громадныя чудовища, вродѣ ящерицъ, змѣй или крылатыхъ крокодиловъ.

Заслушивалась я бабушкиныхъ разсказовъ открывъ ротъ и уши развѣсивъ, до того, что мнѣ, порой, представлялось, что набитые звѣри въ ея кабинетѣ начинаютъ шевелиться и поводить на меня стеклянными глазами...

Я вздрагивала и со страхомъ заглядывала: здѣсь ли бабушка?

Разъ она поймала мой тревожный взглядъ и спросила:

— Что съ тобой?.. Чего ты испугалась?

— Ничего!—отвѣчала я, вспыхнувъ.—Я такъ себѣ, думаю.

— Ты, кажется, трусишка, боишься, что тебя набитый медвѣдь укуситъ, смѣялась надо мной бабушка.

Замѣтивъ, что такіе разсказы меня пугаютъ, бабочка чаще стала мнѣ разсказывать о нынѣшнихъ звѣряхъ, а больше о птицахъ, бабочкахъ и жукахъ, которыхъ у нея было множество и въ рисункахъ, и настоящихъ, только не живыхъ, а за стекломъ. Она удивительно искусно и красиво умѣла устраивать ихъ на вѣточкахъ, на цвѣтахъ; будто птицы на волѣ сидятъ, летаютъ и плаваютъ; а бабочки и мотыльки порхаютъ по цвѣточкамъ. Вода у нея была сдѣлана изъ осколковъ стеколъ, разбитыхъ зеркалъ и разрисованной бумаги. Выходили цѣлыя картины.

На одной стѣнѣ все сидѣли хищныя птицы: орлы, ястреба, соколы, совы; а надъ ними, подъ самымъ потолкомъ распростеръ крылья огромный орелъ-ягнятникъ. Бабушка мнѣ сказала, что такъ его зовутъ потому, что онъ часто уноситъ въ свои гнѣзда маленькихъ барашковъ. Что въ Швейцаріи, гдѣ много такихъ орловъ въ горахъ, даже люди его боятся, потому что онъ крадетъ съ поля маленькихъ дѣтей; сталкиваетъ съ обрывовъ въ пропасти пастушковъ и тамъ заклевываетъ ихъ, унося куски ихъ тѣла въ скалы, въ свое гнѣздо, орлятамъ на обѣдъ...

Этотъ орелъ былъ тоже мой врагъ!.. Онъ, пожалуй, еще страшнѣе, чѣмъ краснокрылый фламинго, смотрѣлъ на меня сверху, своими желтыми глазами... Я тогда была еще такая глупенькая, что мнѣ часто думалось: а ну, какъ онъ слетитъ?!. Какъ вцѣпится лапищами, съ громадными когтями, въ волоса или въ тѣло?.. Не даромъ бабушка меня часто трусишкой называла; а сестра подсмѣивалась, разсказывая мнѣ разныя страшныя сказки.

Но что за прелестныя были въ бабушкиномъ кабинетѣ крошечныя птички-колибри!.. Одна была величиной съ большую пчелу и такая же золотистая. Эта крохотная птица-муха, какъ ее бабушка называла, больше всѣхъ мнѣ нравилась. Она сидѣла, со многими своими блестящими подругами, подъ стеклиннымъ колпакомъ, на кустѣ розъ, которыя сдѣланы были тоже самой бабушкой. Другія колибри были чудно красивы! Ихъ грудки блистали, какъ драгоцѣнные камни, какъ изумруды и яхонты, зеленыя, малиновыя, золотистыя! Но моя колибри-малютка была всѣхъ милѣй своей крохотностью.

Есть, далеко, за морями, жаркія страны, гдѣ эти маленькія, разноцвѣтныя красавицы летаютъ во множествѣ, какъ у насъ воробьи... Я думаю, что ихъ тамъ можно принять за летучіе цвѣты!

Въ такой жаркой странѣ, — она называется Индія, — много интересныхъ вещей. Люди тамъ темнокожіе, кофейнаго или мѣднаго цвѣта и отъ жаровъ ходятъ почти голые, — точно наши допотопные предки. Только у нихъ на рукахъ и на ногахъ всегда много браслетовъ съ бубенчиками и побрякушками — отъ змѣй... Змѣй въ Индіи много и есть очень ядовитыя. Онѣ боятся звону, а потому жители и носятъ на ногахъ погремушки, чтобъ онѣ уползали, заслышавъ ихъ, и не кусали ихъ голыхъ ногъ. Слоны служатъ тамъ людямъ, какъ лошади; обезьяны бѣгаютъ на волѣ, какъ наши собаки, а попугаи — бѣлые, красные, зеленые летаютъ, какъ у насъ черныя вороны да галки.

Но самое чудное тамъ украшеніе это растенія. Великолѣпные цвѣты и громадныя деревья—пальмы, которыя раскидываются саженными листьями, какъ гигантскіе вѣера, а нѣкоторые покрыты яркими цвѣтами — величиной въ тарелку. Представьте себѣ огромныя деревья, покрытыя красными, розовыми, бѣлыми и лиловыми подсолнечниками!..

Обо всемъ этомъ я впервые узнала, когда была маленькой, изъ разсказовъ моей милой, родной бабочки и видѣла на рисункахъ въ ея большихъ, чудесныхъ книгахъ.

И перечесть нельзя множества интересныхъ вещей, которыя я узнала въ этомъ кабинетѣ!.. О какихъ бы звѣряхъ, насѣкомыхъ, камняхъ или растеніяхъ я не спрашивала ее — бабушка все знала и обо всемъ разсказывала самыя интересныя исторіи.

XX

Исторія Бѣлянки.

Рядомъ съ моимъ бѣлымъ другомъ, тюленемъ, лежалъ набитый моржъ: онъ тоже былъ гладкій, какъ атласъ, но только черный. Того я не любила: у него была злая морда и два крѣпкихъ бѣлыхъ клыка, изогнутыхъ книзу...

Бабушка, шутя со мной, называла тюленя и моржа — сестрицей и братцемъ, Бѣлянкой и Чернышемъ.

— У меня еще былъ и Сѣрко! — шутила она. — Сѣрый тюлень изъ Балтійскаго моря; да того, бѣднаго, моль такъ поѣла, что осталась одна кожа. Пришлось его выбросить!.. А жаль! Красивый былъ, съ черными разводами и пятнами, по гладенькой сѣрой спинкѣ. Тотъ ужъ былъ родной братецъ Бѣлянкѣ, хотя при жизни съ ней не былъ знакомъ: онъ плавалъ въ сѣверныхъ моряхъ, ко мнѣ изъ Петербурга пріѣхалъ, а она — астраханочка! Въ южномъ, Каспійскомъ морѣ родилась и проживала. А господинъ Чернышъ имъ братецъ двоюродный, — похожъ, да не совсѣмъ! Хоть одного рода они, — посмотри!

И бабочка показывала мнѣ и объясняла отличительныя примѣты моржей и тюленей: толстое, длинное тѣло, аршинъ до двухъ и болѣе длиною: къ хвосту оно съуживается, а хвостъ — вѣеромъ, какъ руль, чтобъ удобнѣе было плавать; лапы съ перепонками, ланчатыя какъ у гусей; переднія— коротенькія, а заднія очень длинныя, но не отдѣльныя, а вытянутыя вдоль по тѣлу и соединены съ нимъ и съ хвостомъ, тонкой очень растижною кожей. Морды у нихъ — собачьи, съ очень умными, добрыми черными глазами; на носу клапаны, чтобъ вода въ ноздри не вливалась, когда они ныряютъ и пресмѣшные, длинные усы щетиной, какъ у котовъ.

Моржи и тюлени могутъ жить и въ водѣ и на землѣ; они не умираютъ на воздухѣ, безъ воды, какъ рыбы, но только имъ очень трудно по землѣ двигаться: ноги ихъ неудобно устроены для ходьбы, потому они еле переваливаются ползкомъ. Но напрасно у людей вошло въ поговорку: неуклюжъ, какъ тюлень! Никто не можетъ быть проворнѣй и ловчѣе тюленя въ морѣ, такъ быстро и ловко они плаваютъ, такъ ныряютъ и кувыркаются, особенно на зарѣ при солнечномъ восходѣ... На землю они рѣдко выползаютъ: только самки, чтобъ покормить дѣтей. Онѣ вѣдь кормятъ своихъ дѣтенышей молокомъ, какъ всѣ земляныя животныя. Дѣти въ море не идутъ, пока не подрастутъ и не окрѣпнутъ. Ихъ матери кладутъ къ себѣ на спину и учатъ плавать.

— Въ Каспійскомъ морѣ мнѣ часто приходи-
лось видѣть, какъ тюленихи плаваютъ, а надъ
ихъ блестящей, какъ бѣлый шаръ, головой, тор-
читъ другая головенка и оба пресмѣшно поводятъ
черными глазенками и длинными усами шевелятъ!
— разсказывала бабушка. Моржи сильнѣе и храб-
рѣе тюленей, потому что больше и хорошо воору-
жены. Видишь, какіе у нихъ крѣпкіе и острые
клыки!.. Они часто и на крупную рыбу напада-
ютъ; а бѣднымъ Бѣлянкамъ защищаться нечѣмъ,
не только что на другихъ нападать. Ѣдятъ они
мелкую рыбешку, слизняковъ, а всего больше во-
доросли, морскую траву. Моржи живутъ въ са-
мыхъ холодныхъ, сѣверныхъ моряхъ, — на поло-
сахъ, гдѣ плаваютъ цѣлыя горы вѣчныхъ льдовъ.
Они тамъ вмѣстѣ съ бѣлыми медвѣдями прожи-
ваютъ. Къ человѣку моржъ никогда не привык-
нетъ, а тюлени очень легко становятся ручными...
Да вотъ эту самую, набитую мою Бѣлянку, я ча-
сто изъ своихъ рукъ кормила.

Я такъ и напала на бабушку:

— И не жаль вамъ было потомъ убить ее, бѣд-
няжечку? Ахъ! бабочка, какая злая!

— Не я убила ее, а одинъ калмыкъ, охотникъ-
рыболовъ, — оправдывалась бабушка. Ты знаешь
калмыковъ? Видала ихъ на картинкахъ у меня?..
Это такой народъ живетъ на югѣ Россіи, больше
всего на устьяхъ Волги, въ Астраханской и Са-

ратовской губерніяхъ. Они всѣ такіе коренастые, небольшіе, но широкоплечіе; тѣло у нихъ желтовато-красное, какъ мѣдь. А живутъ калмыки не въ городахъ и не въ домахъ, а кочуютъ, въ кибиткахъ,—то есть въ такихъ войлочныхъ палаткахъ, которыя легко складывать и перевозить съ одного мѣста на другое... Когда мы жили въ Астрахани, разсказывала бабушка, твоей мамѣ велѣли доктора пить кумысъ, питье, которое калмыки дѣлаютъ изъ кобыльяго молока. Для этого мы переѣхали, однимъ лѣтомъ, на дачу, неподалеку отъ ихъ улуса,—улусами называются кочевья калмыцкія, гдѣ они въ своихъ кибиткахъ располагаются. Море отъ насъ было близехонько и каждый день мы ходили купаться и гуляли по берегу, — рыбокъ кормили, бросали въ воду крошки хлѣба, рубленое мясо и всякіе остатки. Немножко подальше нашей купальни былъ пустынный заливчикъ, между камнями. Рыбы въ немъ множество водилось; къ нему повадилась приплывать и Бѣлянка и такъ скоро привыкла ко мнѣ, что совсѣмъ перестала людей бояться... Я думаю, что въ этомъ заливчикѣ она вѣрно своихъ дѣтокъ выводила...

— А вы ихъ видали?—прервала я.

— Нѣтъ, не привелось! Можетъ быть и увидала бы послѣ, если бы ее бѣдную вскорѣ не убили... Наши калмыки узнали, что я охотно покупаю разныя звѣриныя шкуры. Тюленей бьютъ ради ихъ жира. Они легко жирѣютъ, а сало ихъ продаютъ на смазку. И горитъ ихъ жиръ отлично. Калмыки имъ освѣщаютъ свои кибитки. Но этого убили не на топку, а принесли прямо ко мнѣ. Онъ вѣрно подплылъ поближе, увидавъ человѣка, думая, что кормить его пришли, а калмыкъ въ него и выстрѣлилъ, не зная, что онъ ручной...

— А вы какъ-же узнали, что это Бѣлянка?—допытывалась я.

— Да потому, что она больше не приплывала ко мнѣ,—отвѣчала бабушка. — Прежде, бывало только подхожу къ заливчику—Бѣляночка тутъ какъ тутъ! а теперь, сколько я ни бросала въ воду корму, сколько ни ходила по берегу—не стало моей Бѣлянки! Мнѣ было очень жаль ея, право!

— А я бы этого гадкаго калмыка побила!—вскричала я.

Но бабушка засмѣялась и объяснила мнѣ, что не за что было бить калмыка,—что онъ не былъ ни въ чемъ виноватъ.

———————

Узнавъ исторію Бѣлянки, я еще больше полюбила ея чучело.

Бывало сидя на ней, въ ожиданіи, когда бабушка перестанетъ заниматься и подзоветъ меня, гладила я ея атласную шерстку, ея круглую головку, засматривала въ ея черные, теперь ужь не живые, а стекляные глазки и думала:

Бѣдная ты, Бѣляночка, бѣдная!.. Плавала ты на волѣ по синему, глубокому, широкому морю! Выставляла изъ прозрачныхъ, пѣнистыхъ волнъ эту самую, кругленькую, глупую головку. Порой и сама, неуклюжая, выползала на пустынный бережокъ покормить малыхъ дѣточекъ, погрѣть свое блестящее, жирное тѣло на солнышкѣ; а чуть что—бултыхалась назадъ, въ глубь морскую, ловить зазѣвавшихся рыбокъ себѣ на обѣдъ...

Никогда ты зла не чаяла! Никогда даже не видывала человѣка, какъ подмѣтила тебя добрая барыня; стала тебя прикармливать и полюбила ты ее, на свою погибель!.. Думала ты, что всѣ люди такіе же, какъ она, добрые, а вышло не такъ: пришелъ злой калмыкъ,—выстрѣлилъ и убилъ тебя на поваль!.. Ты, бѣдняжечка, хлѣбца ждала, а тутъ охотникъ откуда-то взялся и пулей тебя угостилъ!

И вотъ взяли тебя люди, сняли съ тебя кожу, съ бѣленькой шерсткой; изъ мяса твоего жиръ вытопили и въ лампахъ сожгли, или колеса имъ смазали; а шкуру твою трухой да паклей набили, сдѣлали изъ тебя чучело и положили людямъ подъ ноги, въ комнатѣ, на полу...

Думалъ-ли ты, горемычный тюлень, живя въ морскомъ привольѣ,—что когда нибудь будетъ на тебя садиться маленькая дѣвочка, какъ на подушку или въ кресло какое нибудь?.. Будетъ сидѣть, думы свои думать, да разсказы слушать!

И разсказы-то о чемъ?.. О тебѣ самомъ! О томъ, какъ тебя же пристрѣлили и чучело изъ тебя набили,—а ты будешь смирно лежать!.. Не разсердишься, не окунешь ее за это въ глубокое море— рыбамъ, да своимъ дѣткамъ на съѣденіе!.. Бѣдный ты, бѣдный тюлень,—морской бѣлый увалень!

XXI.

Мои первые театръ и балъ.

Началась зима со своими короткими днями и морозными ночами, съ безконечными вечерами у печекъ, оживлявшихъ веселымъ жаромъ и трескомъ березовыхъ дровъ наши дѣтскія игры и бесѣды; съ катаніемъ въ саняхъ по замерзшей Волгѣ и безконечнымъ смѣхомъ между уроками по утрамъ, когда насъ отпускали поиграть въ снѣжки и покататься въ салазкахъ по двору. Старшія уже не участвовали въ этихъ шумныхъ играхъ; но мнѣ бабочка отстояла это право, и я не знала большаго веселья, особенно по праздникамъ, когда приходили ко мнѣ дѣвочки изъ пріюта и другія подруги.

Зато Лели часто ѣздила съ большими въ те-

10*

атръ, чему я очень завидовала. Слушая разсказы Нади и Лели, ихъ безконечныя бесѣды и смѣхъ надъ видѣннымъ и слышаннымъ въ театрѣ, мнѣ казалось, что тамъ должно быть чудо какъ весело! Бабочка и мама увѣряли меня, что я тамъ ничего не пойму и соскучусь; но я не вѣрила и упросила одинъ разъ, чтобы меня взяли.

Я очень горько разочаровалась въ своихъ ожиданіяхъ!

Во-первыхъ, мнѣ показалась очень тѣсной и неловкой крошечная комнатка безъ передней стѣны, гдѣ намъ пришлось сидѣть въ ожиданіи, когда подымутъ занавѣсъ, расписанный цвѣтами, за которымъ должны были открыться всѣ чудеса, забавлявшія столько сестру. Во-вторыхъ, я ровно никакихъ чудесъ не увидала...

— Когда же начнется? когда подымутъ занавѣсъ? приставала я ко всѣмъ.

— Сейчасъ. Не надоѣдай! отвѣчали мнѣ. — Слушай музыку.

Но мнѣ было совсѣмъ не весело слушать музыку. Я принялась смотрѣть внизъ, гдѣ сидѣло очень много мужчинъ и раскланивалась со знакомыми, усердно кивая имъ головой; но никто не обращалъ вниманія и не отвѣчалъ на мои поклоны, что меня очень обижало...

Наконецъ, занавѣсъ поднялся и я жадно обратилась къ сценѣ.

Тамъ былъ лѣсъ, но не настоящій, а очень гадко сдѣланный. Впереди, на деревяшкѣ, сидѣлъ какой-то господинъ въ черной каленкоровой тальмѣ и широкой черной шляпѣ съ огромными полями, и о чемъ то самому себѣ разсказывалъ... Я слушала внимательно,—но ничего не понимала. Мнѣ очень хотѣлось спросить маму, что это за сумасшедшій,—самъ съ собой разговариваетъ?.. Но я не посмѣла.

Вдругъ къ нему подошелъ какой-то другой господинъ въ красномъ бурнусѣ и, хлопнувъ его по плечу, спросилъ:

«Старикъ! скажи мнѣ: что такое жисть»?.

— А это что-же такое—жисть? шопотомъ спросила я, глядя на всѣхъ въ недоумѣніи.

Мама съ тетей Катей переглянулись, улыбаясь.

— Жизнь,—отвѣчала мама. Ну, вотъ ты живешь, я живу! А когда умремъ—жизнь наша кончится.

— Я это знаю!.. А зачѣмъ же онъ говоритъ: жисть? это другое совсѣмъ слово...

— Нѣтъ не другое! засмѣялись опять тетя съ мамой. Что-же съ нимъ дѣлать, что онъ такъ дурно говоритъ!

— Ахъ! Вѣрка, не мѣшай! Дай слушать, сказала Надя.

— Вотъ, я такъ и знала, что она только будетъ мѣшать! капризнымъ голосомъ прибавила Леля.

Я замолчала и стала опять слушать, стараясь понять въ чемъ дѣло? Но ужъ далеко не съ такимъ интересомъ.

На сцену пришло еще много народу, всѣ громко кричали, спорили... Но я все таки разобрать ничего не могла и съ горя опять начала разсматривать знакомыхъ въ ложахъ и партерѣ. Мнѣ очень было скучно, я поминутно зѣвала и, наконецъ, сказала:

— Я устала!

— Садись ко мнѣ на колѣна, предложила мама.

— Нѣтъ, нѣтъ, Леничка! ты устанешь, сказала тетя Катя:—дай я ее возьму.

— Не надо... Я лучше тамъ сяду! указала я въ уголъ ложи, возлѣ двери.

— Да тамъ вѣдь ничего не видно!

— Ничего! Мнѣ надоѣло смотрѣть... Глазамъ больно отъ этого свѣта.

Меня пустили. Я усѣлась на полъ и начала разсматривать раекъ.

— Леля, а Леля! вдругъ вскричала я въ удивленіи:—посмотри!—тамъ наверху, подъ потолкомъ нашъ Яковъ сидитъ!

Это мнѣ казалось крайне удивительно и забавно, что я увидала тамъ нашего дворецкаго. Но Леля и даже сама мама обернулись ко мнѣ, сердито говоря, что нельзя говорить такъ громко въ театрѣ.

Кончилось тѣмъ, что я заснула и меня отправили домой, завернувъ въ мамину шубу, съ этимъ самымъ дворецкимъ Яковомъ, которому я помѣшала такимъ образомъ видѣть второе дѣйствіе этой трагедіи или драмы.

Больше ужь я никогда не просилась въ театръ и очень долгое время была убѣждена, что тамъ никогда ничего другого не бываетъ, а все только господинъ въ красномъ плащѣ спрашиваетъ другого, въ черной тальмѣ: «старикъ! скажи мнѣ, что такое жисть?..»

На тети Катины имянины у насъ было очень много гостей, играла музыка и танцовали. Въ первый разъ въ жизни видѣла я б а л ъ и ужасно радовалась, что мнѣ позволили сидѣть до двѣнадцати часовъ. Мнѣ только ужасно не нравилось, когда мужчины схватывали меня и высоко кружили, увѣряя, что со мною танцуютъ.

— Пустите, сердито вывертывалась я: — не хочу!

— Отчего не хочешь, Вѣрочка? пойдемъ танцовать.

— Что это за танцы? Развѣ такъ танцуютъ?

— Чѣмъ же это не танцы? смѣясь отвѣчали мнѣ:—какъ же иначе танцовать?

— Танцуютъ ногами! сердито отвѣчала я:—а я до полу не достаю, когда вы меня на воздухѣ кружите.

— Какая сердитая, смѣялись вокругъ меня.

А нашъ докторъ Троицкій,—не тотъ фран-
цузъ, котораго мы не любили, а другой, русскій и
очень добрый, началъ уговаривать меня протан-
цовать съ нимъ галопъ по настоящему, но я
не захотѣла.

За то Леля весь вечеръ безъ устали танцова-
ла и очень разсердилась, когда я этому выразила
удивленіе.

— Вотъ дура! вскричала она:—точно я малень-
кая!.. Мнѣ одиннадцатый годъ и я такая большая
ростомъ!

— Гдѣ же одиннадцатый?.. тебѣ еще и десяти
нѣтъ.

— Не все равно? Черезъ три мѣсяца мнѣ пой-
детъ одиннадцатый!.. Ты бы послушала, какъ я
разговариваю съ большими, какъ мнѣ весело съ
своими кавалерами. Вонъ, князь Сергѣй говоритъ,
что со мной гораздо веселѣй танцовать, чѣмъ со
взрослыми барышнями...

— Охъ, ужъ ты, хвастунья, перебила я.

— Глупая! выбранилась она опять. Да ты бы
послушала, что всѣ мнѣ говорятъ: что я такая ум-
ная и забавная!.. Вотъ, вотъ ужъ за мной и идутъ!

И сестра, кокетливо тряхнувъ головой, взгля-
нула на меня съ многозначительной важностью и
отправилась танцовать кадриль съ какимъ-то
офицеромъ.

Я замѣтила, что Надя, напротивъ, все уходила и не хотѣла танцовать, хотя съ ней дѣйствительно всѣ обращались, какъ со взрослой барышней. Ей ужъ было тринадцать лѣтъ, но она не любила и тогда, какъ и во всю свою жизнь, впослѣдствіи, большого общества, баловъ и танцевъ.

XXII.

Елка.

Ровно черезъ мѣсяцъ послѣ этого я, также впервые, увидала рождественскую елку. Это была прекрасная богатая елка, кромѣ всякихъ сладостей, изукрашенная гирляндами зелени и цвѣтовъ, искусно сдѣланныхъ бабушкой изъ цвѣтной бумаги и каленкору. Я онѣмѣла отъ изумленія и восторга, когда, просидѣвъ цѣлый день одна, наверху въ дѣтской, увидала ее еще издали, изъ корридора, среди залы, всю залитую свѣтомъ!.. Много прекрасныхъ игрушекъ нашли всѣ мы, дѣти, подъ нею; подарки тамъ были для всѣхъ: и для взрослыхъ родныхъ, и знакомыхъ, и для прислуги. Кромѣ свѣчей, горѣвшихъ на деревѣ, длинный столъ былъ опоясанъ, какъ огненнымъ кольцемъ: весь онъ былъ унизанъ тарелками съ лакомствами для дворовыхъ людей и дѣтей ихъ и въ каждую, среди сладостей, была поставлена зажженная свѣча. Прислуга постарше, всѣ женщины и горничныя дѣвушки стояли въ самой залѣ; остальные въ передней и корридорѣ и всѣ получили подарки на праздники...

Бабушка всегда говорила, что «плохо то барское веселіе, котораго съ барами за одно не дѣлитъ вся прислуга». За то же и любили ее люди, какъ, я думаю, мало господъ на свѣтѣ бывали любимы.

Нѣсколько дней спустя я сидѣла съ бабушкой въ диванной, когда ей доложили, что пріѣхалъ купецъ Горовъ и желаетъ ее видѣть. Бабушка приказала принять и вышла къ нему въ гостиную, куда, разумѣется, и я за ней скользнула. Оказалось, что Горовъ пріѣхалъ просить всѣхъ насъ къ себѣ на елку. Онъ усиленно кланялся бабушкѣ и просилъ, чтобъ она сама, и мама, и тетя, и мы съ Лелей, всѣ «сдѣлали ему честь» пріѣхать; а о папѣ большомъ сказалъ, что «не смѣетъ просить его».

Я очень удивилась такимъ рѣчамъ! Мнѣ казалось, что Горовъ намъ желаетъ сдѣлать удовольствіе; но какую мы ему сдѣлаемъ честь, я рѣшительно не понимала. Еще менѣе могла я понять, почему онъ такъ странно сказалъ о дѣдушкѣ: почему насъ онъ смѣетъ приглашать, а его просить не смѣетъ?.. Я сильно задумалась объ этомъ и вѣрно спросила бы сейчасъ у бабочки, еслибъ пріѣздъ новыхъ гостей не помѣшалъ мнѣ, а потомъ я объ этомъ позабыла. Мнѣ суждено было еще многому удивляться на другой день, когда мы были у Горовыхъ, и много наготовить вопросовъ на разрѣшеніе бабушки.

Въ шесть часовъ вечера возокъ нашъ остановился у большаго каменнаго дома и мы, съ трудомъ выпутавъ ноги въ теплыхъ сапогахъ изъ шубъ, съ помощью лакея Петра стали выбираться на подъѣздъ. Одна Леля, ловко выпрыгнувъ, миновала его руки; меня же, хотя я очень желала послѣдовать ея примѣру, Петръ безъ церемоніи захватилъ одной рукой, другой захлопнулъ дверцу, крикнувъ кучеру: «отъѣзжай»! И понесъ меня по ярко освѣщенной лѣстницѣ, вплоть до передней, гдѣ хозяйка и дочери ея помогали бабушкѣ, мамѣ и тетямъ раздѣваться. Дочерей Горова я знала,— особенно старшую, хромую Машу: у нихъ была дача недалеко отъ нашей, и мы разъ у нихъ завтракали; но жену его я въ первый разъ видѣла и ея пестрое платье, синяя бархатная мантилья, серьги, множество колецъ и въ особенности ея черные-пречерные зубы такъ меня поразили, что я совсѣмъ забыла, что надо слѣзть съ залавка, на которомъ раздѣвалъ меня Петръ. Мнѣ объ этомъ напомнила Маша, цѣлуя меня.

— А! здравствуйте, Вѣрочка! сказала она, помогая мнѣ сойти на полъ.—Пойдемте въ залу.

Всё, кромѣ бабушки, уже туда входили. Въ дверяхъ вниманіе мое опять было остановлено какою-то старушкой, въ темномъ платьѣ, съ головой по самый лобъ повязанной чернымъ шелковымъ платкомъ, какъ у няни Насты. Она спокойно, но не привѣтливо, нисколько не суетясь и безъ всякихъ улыбокъ, какъ хозяинъ и его жена, смотрѣла на насъ изподлобья и каждаго встрѣчала низкимъ поклономъ.

— Матушка моя, ваше превосходительство! сказалъ, указавъ на нее бабушкѣ хозяинъ дома.—Не изволите, кажется, знать?..

— Нѣтъ, я хорошо знаю вашу матушку, привѣтливо отвѣчала бабушка, остановившись возлѣ также молча ей кланявшейся старухи:—мы часто встрѣчались съ нею въ больницѣ и богадѣльнѣ... Еще недавно я видѣла васъ: когда вы, на первый день праздника, кажется? — привозили бѣлый хлѣбъ и пироги въ богадѣльню. Не правда ли?..

— Точно такъ, ваше превосходительство, съ довольной улыбкой отвѣчалъ Горовъ. Это ужъ завсегда такъ, каждый праздникъ матушка сами калачи пшеничные и пироги съ говядиной возятъ въ богадѣльню и въ острогъ также-съ. Это ужъ обычай у насъ такой отъ прадѣдовъ ведется... И, признаться, матушка мнѣ говорили, что часто тамъ съ вами встрѣчаются, но я думалъ, что вы ихъ не извоолили замѣтить.

— Еслибъ я даже ея и не замѣтила, то не могла бы не слышать о вашей матушкѣ: о добрыхъ дѣлахъ ея знаетъ весь городъ.

Я держала бабушку за руку, нарочно отставъ отъ всѣхъ и слушала внимательно. Меня удивляло серьезное, почти суровое выраженіе лица старушки Горовой. Она ничего не отвѣчала бабушкѣ, а только, продолжая кланяться, промолвила, не подымая даже глазъ, указывая на залу:

— Просимъ пожаловать.

За то сынъ ея много и весело говорилъ и, мнѣ показалось, съ большимъ удовольствіемъ поглаживалъ свою бороду, изъ за которой просвѣчивала большая круглая медаль на красной лентѣ.

«Богадѣльня!.. Острогъ! повторяла я незнакомыя слова; непремѣнно завтра спрошу, что это такое?..»

Въ большой комнатѣ, которую хозяева назы-
вали «заломъ», хотя пунцовая мебель въ ней сто-
яла такая, какъ въ гостиныхъ, мы нашли много
знакомыхъ: всѣхъ сестеръ Бекетовыхъ, которыхъ
я очень не любила съ тѣхъ поръ, какъ онѣ отка-
зались играть у насъ съ моей милой Грушей Зай-
цевой, назвавъ ее «cette petite servante»... Варю и
Олю Лихачевыхъ и толстенькую Катю Полянскую
и еще многихъ дѣвочекъ и мальчиковъ со своими
родными и гувернантками. Едва мы успѣли со
всѣми перездороваться, какъ отворилась дверь въ
другую залу, изъ которой послышалась музыка и
хозяинъ просилъ всѣхъ пожаловать «въ орган-
ную»...

«Еще новое слово!» подумала я; но сейчасъ
же о немъ забыла, такъ поразило меня зрѣлище
блиставшей бѣлой залы, залитой свѣтомъ канде-
лябръ, люстръ и сотенъ восковыхъ свѣчей, горѣв-
шихъ въ срединѣ комнаты на огромнѣйшей ел-
кѣ, которая до того густо была увѣшана, что вѣт-
ки ея гнулись подъ тяжестью конфектъ и укра-
шеній.

Чего тутъ не было! Какія прелестныя бон-
боньерки, шкатулочки, игрушки, фигурки и бле-
стящія разноцвѣтныя гирлянды и цѣпи изъ ле-
денца и золотыхъ и серебряныхъ шариковъ. У
меня, какъ и у всѣхъ дѣтей, глаза разбѣжались на
все это великолѣпіе.

Особенно красивы казались мнѣ разные фрукты: яблоки, груши, апельсины, сливы и персики, прекрасно сдѣланные изъ сахара, и огромный, пряничный домъ, украшенный фольгой вмѣсто оконъ, съ шоколадными дверями и миндальными ручками, который стоялъ на самой верхушкѣ дерева.

Во все время, не умолкая, на хорахъ въ глубинѣ залы игралъ прекрасный, дорогой органъ,— то есть большая, заведенная ключемъ шарманка. Потому-то хозяинъ и называлъ это комнату органной.

Насъ подвели къ елкѣ и начали угощать и усердно просить рвать все, что намъ угодно съ елки: отчего мы, разумѣется, отказывались. Тогда хромая Маша и ея сестры вооружились ножницами и начали сами срѣзать всѣ хорошенькія вещицы и конфекты, неотступно прося насъ указывать, что намъ нравится. Чернозубая наша хозяйка все улыбалась и кланялась, потчуя всѣхъ фруктами и вареньями, которыми былъ заставленъ весь столъ. Она взяла насъ за руки и, подведя ко множеству хорошенькихъ бонбоньерокъ, просила выбрать себѣ, какія угодно.

Надя отговаривалась, конфузясь, но, наконецъ, принуждена была взять первую попавшуюся коробочку: Леля же и я были сговорчивѣе и выбрали самыя хорошенькія: сестра корзинку съ цвѣтами, а я уморительную обезьянку съ блестящими глазами, которая поворачивала головой и хлопала въ бубенъ, когда открывали ящикъ съ конфектами, стоявшій сзади нея. Мнѣ еще, кромѣ того, подарили пряничный домъ, который мнѣ такъ понравился на верхушкѣ дерева. На крещеніе я угостила имъ пришедшихъ ко мнѣ въ гости пріютскихъ дѣвочекъ, которыя очень удивлялись моимъ разсказамъ о великолѣпной ёлкѣ.

Но бабушка, не знаю почему, осталась недовольна ёлкой Горова... Еще въ возкѣ, на обратномъ пути, я помню, она говорила, что очень жалѣетъ, что мы всѣ были на этой «глупой ёлкѣ». Мама съ тетей Катей смѣялись, успокаивая бабушку; онѣ говорили, что нельзя было Горова обидѣть, не быть у него или дѣтямъ отказаться отъ «навязанныхъ» подарковъ.

— Да, сказала Надя: — мнѣ ужасно было досадно, когда они приставали ко мнѣ съ этой бонбоньеркой и своими угощеніями!.. Особенно, когда потчевали вареньями, которыя всѣмъ приходилось ѣсть съ одной ложки.

— Ну, за это ихъ нечего осуждать, отвѣчала бабушка: — это ужь такъ у нихъ, по купечески. Но очень непріятно, что онъ потратилъ такія большія деньги, чтобъ насъ угостить. Это ужь просто глупо!

— Отчего глупо, бабочка? вступилась я: — онъ добрый!.. Мнѣ было очень весело.

— Ну, слава Богу, что хоть тебѣ было весело, засмѣялась бабушка.

— А мнѣ совсѣмъ не было весело! важно объявила Леля. Это все такъ по мѣщански... Вотъ и Бекетовы тоже говорили, что имъ скучно... Мы всѣ смѣялись надъ этой хромоногой...

Мама прервала ее строгимъ замѣчаніемъ, что это очень стыдно: что смѣяться надъ чьимъ нибудь природнымъ недостаткомъ грѣшно и показываетъ злое сердце; а я, какъ всегда не задумываясь, сказала:

— Да вы, мама, не вѣрьте: это Леля выдумываетъ! Ей очень было весело, а она только такъ говоритъ, чтобъ къ большимъ приравняться. Бабочка сказала, что напрасно поѣхала—и она за ней повторяетъ!

Всѣ засмѣялись, а сестра разсердилась на меня очень, но впрочемъ ненадолго; она никогда не помнила зла, и вообще была очень добрая, хотя мы съ нею часто ссорились, какъ чуть было не вышло на другой день послѣ ёлки у Горовыхъ.

XXII.

Разсужденія.

По случаю праздниковъ уроки еще не начинались, мы сидѣли наверху, въ нашей классной, возлѣ кабинета бабушки, куда дверь была отворена, и перебирали всѣ хорошенькія вещицы, подаренныя намъ Горовыми наканунѣ.

Вдругъ, я вспомнила о его посѣщеніи и спросила:

— Леля, отчего это Горовъ, когда звалъ всѣхъ насъ на ёлку, сказалъ, что папу-большого онъ просить не смѣетъ? Какъ ты думаешь, отчего-же насъ всѣхъ онъ смѣлъ, а его нѣтъ?..

— Вотъ прекрасно! презрительно отвѣчала Леля: какъ-же ты не понимаешь?.. Еще бы какой нибудь простой купецъ смѣлъ къ себѣ звать губернатора!.. Вѣдь нашъ большой-папа — губернаторъ! Ты что думаешь?..

— А это что такое: губернаторъ? спросила я.

— Губернаторъ — самый главный человѣкъ въ губерніи. Понимаешь: въ губерніи!.. А въ одной губерніи можетъ быть тридцать или сорокъ городовъ и нѣсколько тысячъ деревень, начала она сочинять.

— Ай, ай, ай! Какъ много!.. Такъ, значитъ, большой папа — важный?..

— Еще бы! Очень важный.

— А кто важнѣе его?.. Царь — важнѣе?

— Господи! Дура какая!.. Царь — одинъ въ Россіи! У царя можетъ быть милліонъ такихъ губернаторовъ?

— Неужели? удивлялась я. А это сколько милліонъ?

— Милліонъ?.. Ну, это много... очень много... Все равно, ты не съумѣешь сосчитать!

— Ну, а кромѣ царя, кто еще важнѣе папы?

— Важнѣе папы?..

Леля на секунду задумалась...

— Ну вотъ министръ важнѣе!

— Ну?!. А онъ кто такой, этотъ министръ? добивалась я.

— Ахъ, ты Боже мой! Кто такой!.. ты ужасно глупая, Вѣра!.. Министръ — министръ, вотъ и все!

Но я все таки не поняла, что это за штука такая — м и н и с т р ъ и спросила:

— А онъ гдѣ же живетъ?

— Въ Петербургѣ, съ Государемъ. Ихъ тамъ много. Они всѣ графы, князья... И тамъ... управляютъ.

— Управляютъ! не унималась я. Чѣмъ?..

— Ахъ, ты Господи! Дура какая! окончательно разсердилась Леля. Всѣмъ управляютъ. Отстань.

— А здѣсь есть такой министръ?

— Здѣсь нѣтъ.

11*

— Такъ, кто же здѣсь важнѣе папы?

— Говорю тебѣ, что здѣсь никого нѣтъ. Онъ самый главный...

— О чемъ это вы говорите, дѣти? раздался вдругъ голосъ бабушки изъ ея комнаты:—кто это главный?

— Я говорю, что здѣсь, въ Саратовѣ никого нѣтъ главнѣе папы, покраснѣвъ, но храбро отвѣчала Леля.

— А вамъ что до этого за дѣло, дѣти?

— Да вотъ Вѣрочка спрашиваетъ, отчего Горовъ сказалъ, что не смѣетъ приглашать папы...

— Ну и что-же ты ей отвѣчала?

— Что это вѣрно отъ того, что вѣдь папа губернаторъ... А Горовъ простой купецъ! отвѣчала сестра, уже довольно сконфуженнымъ голосомъ.

— Какія ты глупости говоришь! возразила бабушка и позвала насъ къ себѣ.

Я въ припрыжку побѣжала въ ея кабинетъ; а Леля тихо послѣдовала за мной. Бабушка ласково, но очень серьезно взяла ее за руку и сказала:

— Сколько разъ я просила тебя, Леля, не разсуждать о томъ, чего ты не понимаешь. Не разсуждать и никогда ничѣмъ не важничать, потому что это стыдно и очень глупо!.. Ну, что ты сейчасъ сказала? Что это значитъ: простой купецъ? Горовъ простой купецъ, а папа-большой—простой губернаторъ! Какая же тутъ разница?

Оба люди. Вотъ еслибъ Горовъ былъ дурной купецъ или папа дурной губернаторъ, тогда было бы нехорошо, потому что дурными людьми быть грѣшно и стыдно! А если оба хорошіе, честные люди, такъ это совершенно все равно, кѣмъ бы ихъ Богъ не сотворилъ: бариномъ-ли, купцомъ или мужикомъ. Родиться тѣмъ или другимъ отъ людей не зависитъ: но быть умнымъ и добрымъ зависитъ отъ каждаго изъ насъ. И гораздо лучше быть хорошимъ мужикомъ, чѣмъ дурнымъ господиномъ... Чего бы, напримѣръ, было тебѣ гордиться предъ Машей, что ты родилась барышней, а она горничной дѣвушкой?.. А между тѣмъ ты гордишься!.. Я сама слышала, что ты ей вчера говорила, что она должна уважать тебя, потому что ты барышня. Подумай: умно ли это? Развѣ это твоя заслуга?.. Ей за это тебя еще уважать не приходится, а скорѣй ты должна уважать ее за то, что она такая хорошая, исполнительная дѣвушка, такъ о тебѣ заботится, такъ хорошо тебѣ служитъ и, наконецъ, потому, что она гораздо старше и умнѣе тебя. Прежде выроста и поумнѣй, тогда требуй уваженія; а пока будь благодарна за то, что тебя любятъ и прощаютъ твои глупости и недостатки... Вотъ, хоть бы теперь: ты вздоръ сказала Вѣрочкѣ! Горовъ потому только сказалъ, что не рѣшается приглашать папу, что знаетъ, какъ крѣпко папа занятъ, и, разумѣется, не смѣетъ отрывать его отъ серьезныхъ дѣлъ для какой нибудь дѣтской елки, которая не можетъ доставить ему удовольствія. Вотъ и все!.. А ты знай впередъ, Леля, что нѣтъ на свѣтѣ, для людей умныхъ и честныхъ, ни важныхъ, ни простыхъ людей; а есть только люди полезные, добрые, умные или—дурные, да глупые. Первые всегда будутъ главными и всѣ ихъ будутъ уважать. А вторыхъ никто не будетъ ни уважать, ни любить, какъ они ни важничай, и ни чванься безъ всякаго на то права.

Леля ушла очень сконфуженная выговоромъ; а я усѣлась возлѣ бабочки, на своемъ пріятелѣ набитомъ бѣломъ тюленѣ,—и, положивъ голову ей на колѣна спросила:

— Бабочка! скажи мнѣ, душечка, отчего вы говорили вчера, что вамъ досадно, что вы были на ёлкѣ?..

Бабушка оставила свое дѣло и, посмотрѣвъ на меня съ минуту, улыбаясь и о чемъ-то думая, наконецъ сказала:

— По настоящему мнѣ бы тебѣ слѣдовало сказать, что это не твое дѣло, потому что нехорошо маленькимъ дѣвочкамъ слушать и разспрашивать обо всемъ, что говорятъ между собою большіе, но, пожалуй, я скажу тебѣ. Мнѣ жаль, что Горовъ потратилъ столько денегъ на вздоръ, тогда какъ на нихъ можно было сдѣлать такъ много добра бѣднымъ людямъ.

— Что-же такое, бабочка! Онъ такой богатый!.. Они и безъ того много добра дѣлаютъ, вы сами сказали... Вонъ его мать возитъ же бѣднымъ калачи и пироги...

— А ты и это слышала?.. Ну, вотъ видишь: они только хлѣба имъ по праздникамъ возятъ; а на тѣ деньги, что стоила эта ёлка, не только бы накормить ихъ можно было, но дать дровъ на цѣлую зиму и, пожалуй, еще и одѣть.

— А зачѣмъ же вы намъ дѣлали ёлку?

— Мы дѣлали ёлку для вашего удовольствія,— это правда: но наша ёлка стоила недорого. Немножко можно истратить для удовольствія; но много тратить на пустяки — глупо и даже грѣшно!.. Когда выростешь, ты сама поймешь это.

Я задумалась, а бабушка принялась за свое рисованіе.

— Я теперь знаю, заговорила я черезъ минуту: — эта старушка, мать Горова, навѣрное думала то же!

— Отчего ты такъ думаешь! спросила бабушка, снова внимательно глядя на меня.

— А оттого, что она такъ сердито смотрѣла на всѣхъ... А въ залу, гдѣ была ёлка, вовсе даже и не вышла. Вѣрно она и видѣть не хотѣла такой глупости, жалѣя бѣдныхъ людей, у которыхъ отняли тепло и платье... Правда, бабочка?..

— Правда, дорогая моя умница! похвалила меня бабушка: — тебѣ то же пришло въ головку, что думалось и мнѣ. Правда, видно, что старъ да малъ въ мысляхъ сходятся!

И бабушка, ласково притянувъ меня къ себѣ, крѣпко, крѣпко меня поцѣловала.

Тутъ вошли мама съ тетями и бабушка разъ сказала имъ нашъ разговоръ.

— Старуха Горова, говорятъ, старовѣрка, а старовѣры вѣдь не ѣдятъ съ православными, сказала тетя Катя. Вѣрно она оттого и не пришла въ залу.

Разумѣется, я сейчасъ же пристала къ бабушкѣ съ разспросами, что значитъ старовѣры и православные? И хотя объяснить это такой маленькой дѣвочкѣ было довольно трудно, но бабушка всегда умудрялась мнѣ все на свѣтѣ объяснять.

— Ты знаешь, что Христосъ жилъ на землѣ очень давно, когда еще никто не говорилъ по русски, сказала она. Тѣ люди, которые первые писали о Немъ: какъ Онъ родился, страдалъ и умеръ распятый на крестѣ, писали на тѣхъ языкахъ, на которыхъ тогда говорили: по гречески, по еврейски, по римски. Потомъ, всѣ другіе народы начали переводить священныя книги и молитвы на свои языки и мы, русскіе, тоже. Только русскіе перевели нехорошо: надѣлали много ошибокъ, которыя пришлось послѣ поправлять. Одинъ умный, очень

ученый человѣкъ, патріархъ Никонъ,—это все
равно, что архіерей,—поправилъ всѣ ошибки и
велѣлъ напечатать другія книги, уже совсѣмъ вѣр-
но переведенныя съ греческихъ молитвенниковъ.
Мы вѣдь переняли свою вѣру у грековъ; когда
больше будешь, то будешь объ этомъ учиться. Мы
всѣ стали читать молитвы и служить въ церквахъ
такъ, какъ было напечатано въ книгахъ патріар-
ха Никона: а нѣкоторые, необразованные, бѣдные
люди не повѣрили, что онъ и справилъ только
ошибочный переводъ, а вообразили, что Никонъ
совсѣмъ п е редѣлалъ ихъ! Свои молитвы сочи-
нилъ, новую вѣру выдумалъ. Ну и стали они го-
ворить, что молиться по этимъ новымъ книгамъ
грѣшно, а что надо держаться книгъ старой печа-
ти. Поэтому они назвали себя с т а р о вѣрами, въ
знакъ того, что они по старому, по настоящему
будто бы вѣрятъ и въ отличіе отъ насъ, право-
славныхъ, которые, по ихъ мнѣнію, выдумали се-
бѣ новую вѣру... Это совсѣмъ не правда! Въ сущ-
ности и мы, и они вѣримъ тому же Богу, Іисусу
Христу и святымъ, а старовѣры совершенно оши-
баются, считая насъ невѣрными старой, истинной
вѣрѣ. Надо надѣяться, что эти бѣдные, простые
люди поймутъ свою ошибку, когда больше будутъ
учиться, и всѣ мы, русскіе, будемъ одинаково вѣ-
ровать, одинаково молиться и славить Бога въ на-
шихъ православныхъ церквахъ.

XXV.

Дорога.

Зима промелькнула быстро, а съ приближеніемъ новой весны, мама начала поговаривать, что пора собираться намъ въ дорогу, что ей жаль бѣднаго папу, крѣпко по насъ соскучившагося. Папа писалъ, что теперь его батарею перевели въ хорошее мѣсто, въ Малороссіи, гдѣ тепло и мамѣ хорошо было бы жить. Онъ очень просилъ ее вернуться весною. Несмотря на горе и просьбы бабушки переждать хоть до лѣта, мама рѣшила, что выѣдетъ ранней весной.

Мнѣ было очень жаль разставаться съ родными и особенно съ дорогой моей бабочкой, которая не могла рѣшительно смотрѣть на насъ безъ слезъ и много плакала, но цѣлымъ часамъ разговаривая, запершись съ мамой въ своемъ кабинетѣ. Но я всетаки съ удовольствіемъ думала о предстоявшемъ путешествіи. Всѣ дѣти охотники до перемѣнъ и очень любятъ дорогу. Она такъ занимала меня со всѣми приготовленіями, покупками, укладкою и прочими подробностями, что я безъ особеннаго горя прощалась съ своими знакомыми и даже скоро перестала плакать, разставшись окончательно съ родными, провожавшими насъ далеко за городъ.

Ѣхали мы въ двухъ экипажахъ: въ каретѣ си-
дѣли мама, Антонія и я между ними, а впереди
горничная Аннушка съ Леонидомъ на рукахъ и
докторъ, который провожалъ маму по просьбѣ дѣ-
душки, или горничная дѣвушка Маша, когда док-
торъ пересаживался въ тарантасъ, къ нашей ко-
сой миссъ Джефферсъ. Она увѣряла, что не мо-
жетъ ѣхать въ закрытомъ экипажѣ, что у неяго-
лова болитъ. Леля всю дорогу путешествовала изъ
кареты въ тарантасъ и обратно. Но по долгу ей
ни тутъ, ни тамъ не сидѣлось; а на каждой почти
станціи съ ней случались самыя неожиданныя
происшествія! Она была такая бойкая, живая ша-
лунья, что съ ней много дѣла и бѣдъ бывало гу-
вернанткѣ. Одинъ изъ такихъ случаевъ во время
нашего путешествія я запомнила хорошо, потому
что онъ во всю послѣдующую жизнь не переста-
валъ насъ смѣшить.

На одной станціи, на крыльцѣ сидѣлъ какой-
то проѣзжавшій офицеръ въ растегнутомъ сюрту-
кѣ и шапкѣ на затылкѣ. Онъ смотрѣлъ на все ис-
подлобья мутными глазами, не то сонно, не то сер-
дито и, громко пыхтя, курилъ изъ длиннаго чу-
бука. Мама намъ не велѣла подходить къ нему и
я держалась подальше, тѣмъ болѣе, что сама боя-
лась его свирѣпаго вида. Леля же поминутно про-
ходила мимо него, вертѣлась, поглядывала на не-
го, стараясь обратить его вниманіе и съ нимъ за-

говорить. Она ужасно любила разговаривать съ посторонними... Но сердитый проѣзжій не обращалъ на нее никакого вниманія, кряхтя и не выпуская изо рта трубки.

— Посмотри, Вѣрочка, съ улыбкой заговорила Елена:—точно такая трубка, какъ у нашего маленькаго папы... Помнишь?

Я совсѣмъ этого не помнила и, съ упрекомъ взглянувъ на сестру, отодвинулась еще дальше. Тогда Леля, подпрыгнувъ, храбро обратилась къ самому офицеру:

— Какая у васъ длинная трубка!

Онъ медленно приподнялъ на нее свои красные, опухшіе глаза, но не промолвилъ ни слова.

— У нашего маленькаго папы тоже такая, бойко продолжала она, сдѣлавъ къ нему еще шагъ.

— У... маленькаго папы! хрипло промычалъ офицеръ. И... что же это такое... маленькій папа?.. А?.. что это такое?..

Леля немножко отодвинулась, но, продолжая весело и задорно смотрѣть на него, объяснила:

— Маленькій папа — нашъ отецъ. Онъ вотъ куритъ точно такія трубки съ длинными чубуками, какъ и вы...

— Что-о?!. заревѣлъ на это офицеръ, такимъ густымъ басомъ, что я въ испугѣ отскочила къ дверямъ. Длинныя трубки?.. А... зачѣмъ у тебя такой короткій носъ?.. А?!. вдругъ приподнялся онъ.

Тутъ и Леля растерялась и, сдѣлавъ нѣсколько шаговъ назадъ, въ недоумѣніи смотрѣла на страшнаго офицера. Но, вдругъ, тотъ опять опустился на свое мѣсто, вытянулъ ноги по полу, закинулъ назадъ голову и вмѣсто баса заговорилъ тоненькимъ голоскомъ:

— Дѣвчонка, ты, дѣвчонка! И чего ты вертишься?!.

Это восклицаніе, какъ громомъ, поразило сестру! Ей стало еще обиднѣй и досаднѣе отъ хохота Аннушки, слышавшей все изъ кареты, гдѣ она сидѣла возлѣ спавшаго брата.

— Вотъ видишь! говорила я, слѣдуя за ней въ комнату, куда насъ звала англичанка: — и чего ты, въ самомъ дѣлѣ вертѣлась?

— Не твое дѣло! еще болѣе разсердилась Леля.

Но послѣ этого случая она перестала обращаться съ разговорами къ незнакомымъ людямъ.

Въ послѣднемъ городѣ мы нашли присланныхъ за нами лошадей и поѣхали дальше на своихъ. Узнавъ объ этомъ я каждую минуту ждала, что мы сейчасъ пріѣдемъ, сейчасъ увидимъ папу, котораго я не ясно помнила. Оказалось однако, что мы ѣхали и никакъ не могли доѣхать!.. Дорога шла зелеными полями, мимо хорошенькихъ дубовыхъ рощъ и хуторовъ, закрытыхъ садиками. Вокругъ такъ все было весело: летали бабочки, птички заливались, порхая въ зелени, столько было цвѣтовъ по дорогѣ, что такъ бы и побѣжала я рвать ихъ на поляхъ и въ рощахъ! А тутъ тащись въ душной каретѣ, переваливайся со стороны на сторону. Скука смертная!..

— Когда же городъ? спросила я.

— Какой городъ? отозвалась мнѣ мама.

— Тотъ городъ, гдѣ живетъ папа, куда мы ѣдемъ жить! объясняла я.

— Тамъ города нѣтъ. Мы будемъ жить въ деревнѣ.

— Въ деревнѣ! удивилась я. Въ чьей?

— Да ни въ чьей. Въ государевой. Развѣ ты не помнишь, какъ мы прежде по деревнямъ жили?.. Гдѣ папину батарею поставятъ, тамъ и мы будемъ жить.

— Да!.. вспомнила я: — батарея — это солдаты?

— Солдаты, и офицеры, и пушки... Много солдатъ.

— Я увѣрена, заговорила со мной Антонія, какъ всегда по французски:—что ты въ нетерпѣніи увидѣть папу?.. Не мѣшай мамѣ, прибавила она тихо—говори со мной.

— Да, нерѣшительно отвѣчала я! Мнѣ хочется его увидѣть, только... я нехорошо помню!.. Онъ развѣ такой же рыжій, какъ братъ Лида?

— Отчего ты такъ думаешь? засмѣялась Антонія.

— Оттого что, я помню, у него рыжіе усы и онъ всегда меня кололъ, когда цѣловалъ.

— Такъ ты только и помнишь, что его рыжіе колючіе усы?.. смѣясь сказала мама, ущипнувъ меня за щеку. А помнишь, какъ ты въ Гадичѣ учила танцовать свою старую няньку Орину?..

— Ахъ, да няня Орина! припомнила я. И она тоже здѣсь, мама?

— Нѣтъ, дѣтка, она осталась тамъ, въ своей деревнѣ.

— Ахъ! какъ жаль!.. Отчего она не здѣсь?

— Она не хочетъ къ тебѣ ѣхать, вмѣшался нашъ докторъ, посмѣиваясь:—говоритъ, что ты ее крѣпко щипала и била, когда учила танцовать. Боится, что ты опять ее въ танцовщицы запишешь.

— Ахъ! перестаньте, пожалуйста, сказала я съ досадой.

Я терпѣть не могла этого противнаго доктора! Это былъ тотъ самый, про котораго няня Наста говорила, что «у него баки, какъ у собаки»... Къ тому же онъ умудрился еще недавно разобидѣть меня до слезъ, выбивъ щелчкомъ шатавшійся у меня зубъ, и вѣчно приставалъ, будто я задумываюсь «о небесныхъ миндаляхъ»,—что меня очень сердило. А я въ самомъ дѣлѣ часто задумывалась, сама не зная о чемъ, такъ глубоко, что меня трудно было дозваться...

Мы давно уже поднимались въ гору, часто останавливаясь, чтобъ дать вздохнуть усталымъ лошадямъ; но какъ ни старался нашъ солдатъ-кучеръ, какъ ни махалъ возжами и ни перевѣшивался съ высокихъ козелъ, какъ ни свисталъ, ни кричалъ и ни суетился съ кнутомъ въ рукахъ нашъ поваръ Аксентій, кончилось все таки дѣло тѣмъ, что лошади стали.

— Говорилъ я, чтобы шестерку, такъ нѣтъ!.. Буде и четверки: пушки, говорятъ, возятъ!.. Вотъ те и пушки!.. ворчалъ кучеръ.

— Что-жъ теперь дѣлать? тревожилась мама. Нельзя ли мнѣ пересѣсть въ тарантасъ, чтобы скорѣе доѣхать. Но докторъ этого ни за что не позволилъ, говоря, что тряска очень вредна мамѣ. Рѣшили послать за подмогой верхомъ Аксентія и хоть нашъ лѣнивый поваръ и отговаривался тѣмъ, что дороги не знаетъ, но кучеръ его пристыдилъ:

— Ты, хлопецъ, пусти только лошадь: она сама тебя прямикомъ къ батарейнымъ конюшнямъ вывезетъ!.. Тутъ рукой подать! Только что вотъ гора эта не сподручна, прибавилъ онъ:—а какъ выберемся, такъ и лагери тутъ же.

Нечего дѣлать! взлѣзъ Аксентій на спину лошади и поѣхалъ, высоко подпрыгивая, взмахивая локтями и своей сѣрой развѣвавшейся шинелью, подпоясанной ремнемъ. Мы всѣ смѣялись, глядя ему вслѣдъ...

Кучеръ нашъ спокойно закурилъ коротенькую трубочку, а всѣ мы, кромѣ мамы, лежавшей съ закрытыми глазами, стараясь заснуть, вышли изъ кареты и разбрелись вокругъ. Я съ пряникомъ въ рукахъ сѣла не далеко, на межѣ, любуясь на множество жаворонковъ, суетившихся на поляхъ. Они вылетали, шурша крылышками, изъ травы; взвивались, какъ стрѣлы, и исчезали въ высотѣ, откуда слышались тысячи ихъ серебристыхъ пѣсенъ. А то также прямо и быстро спускались на землю, мелькали задорными хохликами, переваливаясь въ посѣвахъ и снова исчезали, юркнувъ въ траву.

— А, ну-ка, сударь! Ну-ка, барышни! садитесь. Лошади вздохнули: авось теперь лучше вывезутъ.

— А какъ же тарантасъ? Вѣдь изъ него лошадь выпряжена! спросила Антонія, которая сидѣла на большомъ камнѣ у дороги, забавляя Лиду.

— Тарантасъ-то легкій! его и пара увезетъ. Чѣмъ стоять да ждать, поѣдемте съ Богомъ, пока что!

XXV.

Лагерь.

Мы усѣлись. И въ самомъ дѣлѣ, отдохнувшія лошадки подхватили дружно и, не дождавшись никакой подмоги, въ полчаса вытянули насъ на гору. Кучеръ нашъ говорилъ правду: сверху горы раскинулись предъ нами поля и лѣса, а среди зелени ближайшей рощи на красивой полянѣ бѣлѣлись палатки батареи. Всѣ мы заглядѣлись на красивую картину... Но что это?.. Кто это такіе?

Къ намъ на встрѣчу въ перегонку, запыхавшись, бѣжало нѣсколько офицеровъ. Какой-то совсѣмъ молоденькій опередилъ всѣхъ, смѣясь, крича что-то товарищамъ; двое, трое другихъ его догоняютъ... У всѣхъ такія веселыя лица...

Мама оживилась, припавъ къ окну, называя ихъ по фамиліямъ.

— А вотъ, смотрите, дѣти! вскричала она:— вонъ и папа бѣжитъ! Видите?..

— Гдѣ? гдѣ?.. спрашиваю я.

— Я вижу папу! весело кричитъ Леля, хлопая въ ладоши.

— Да гдѣ же онъ? который?.. чуть не плачу я.

— Да какъ-же ты не видишь? смѣясь указываетъ мнѣ мама на отставшаго дальше всѣхъ, высокаго толстаго господина. Ишь переваливается!.. Запыхался! Вѣрно давно по горамъ не бѣгалъ, весело пошутила моя милая мама, здороваясь съ прибѣжавшими на встрѣчу ей знакомыми.

Карета остановилась: передовой офицеръ быстро отворилъ дверцы, и мы сами побѣжали на встрѣчу папѣ.

Какъ весело провели мы этотъ чудесный ве-

черъ! Намъ былъ приготовленъ домикъ на хуто-
рѣ, но мы остались пить чай въ лагерѣ. Всѣ сбѣ-
жались съ привѣтствіями, съ поздравленіями. На-
крыли столъ предъ папиной палаткой; всѣ снесли
сюда все, кто чѣмъ богатъ: кто варенья, кто суха-
рей, кто молочникъ сливокъ или лимонъ. Музыкѣ
велѣли играть невдалекѣ... Всѣ маму любили, всѣ
были рады ея возвращенію, а ужъ про папу и го-
ворить нечего!..

Онъ подложилъ свою шинель подъ ноги мамѣ,
чтобъ она не простудилась и все возился со сво-
имъ новымъ сынишкой, подбрасывая его на воз-
духъ и любуясь, какъ онъ заливался веселымъ,
звонкимъ хохотомъ, знакомясь со своимъ папой.
Мы съ Лелей, пока Антонія съ миссъ Джефферсъ
хозяйничали у чайнаго стола, успѣли съ Машей
сбѣгать въ рощицу и вернулись съ букетами, ко-
торые положили передъ мамой.

Намъ было очень весело!.. Мы дождались восхо-
хода полной луны и всѣ пошли провожать насъ
съ музыкой и пѣсенниками въ хуторъ, гдѣ намъ
была приготовлена чистенькая хата.

Мы прожили тутъ нѣсколько дней и совсѣмъ
заморили нашу бѣдную англичанку, то и дѣло бѣ-
гая въ лагерь, въ рощи и назадъ домой. Мама
ужасалась нашему бездѣлью и, вздыхая, говорила
только о томъ, чтобъ поскорѣе пріѣхать на мѣ-
сто, да начинать аккуратно учиться.

— Вы совсѣмъ отвыкли отъ уроковъ и избаловались за дорогу, говорила она.

— O! yes, на распѣвъ поддерживала ее наша миссъ. Learn — нэтъ! Quite избаловаль and все забиль.

— А вотъ и нѣтъ, — не все забиль! передразнила я ее: — я помню, какъ вы меня учили.

И ставъ среди комнаты въ торжественную позу, я начала указательнымъ пальцемъ дотрогиваться до носу, рта, глазъ, приговаривая:

— O! — nose!.. O! — mouth!.. O! — eyes!.. O! — chin!..

— Ну, ужь ты, смотри у меня, шалунья! прервала меня мама, погрозивъ мнѣ пальцемъ.

— Oh! naughty little girl!.. согласилась наша кривая англичанка; а я выбѣжала изъ хаты, схватила за руку Лелю и ну бѣжать съ нею внизъ съ горки, къ папѣ въ палатку.

Наконецъ, папина батарея выступила и мы отправились шагъ за шагомъ вмѣстѣ съ нею. Мама такъ устала отъ долгой дороги, что докторъ ей совѣтывалъ такъ медленно ѣхать. Потому мы два дня ѣхали 80 верстъ, до мѣстечка, гдѣ должны были жить, но мнѣ было ужасно весело все время. Погода была прекрасная, мы останавливались обѣдать и пить чай среди дубовыхъ рощъ, на зеленой травѣ, много гуляли и бѣгали, даже играли въ горѣлки съ двумя молодыми офицерами и Антоніей. А разъ папа взялъ меня къ себѣ на лошадь. Вотъ тутъ-то было торжество!.. Солдаты шли впереди съ веселыми пѣснями; офицеры скакали на лошадяхъ, а я важно ѣхала съ папой на его большой рыжей лошади, весело поглядывая на всѣхъ.

Одинъ изъ офицеровъ, увидавъ, что я ѣду съ папой, хотѣлъ непремѣнно слѣзть и посадить на свою лошадь Лелю. И Лелѣ этого ужасно хотѣлось! Она вся вспыхнула и голубые глаза ея загорѣлись... Но мама этого ни за что не позволила и даже разсердилась на папу, когда онъ сталъ просить объ этомъ.

Узнавъ о чемъ шла рѣчь, миссъ Джефферсъ пришла въ такой ужасъ, что ея бѣлый глазъ совсѣмъ закатился, а темный подошелъ къ самому носу.

— O! for shame, miss Lolo! O, how shoking!.. кричала она.

Леля грозно на нее посмотрѣла, но, увидавъ, что ничто не помогаетъ, что всѣ противъ нея, тряхнула своими бѣлыми волосами и съ горя начала браниться съ ней по англійски, съ Антоніей по французски, а съ докторомъ по русски, успѣвая всѣмъ разомъ отвѣтить.

Наша гувернантка кричала и обо мнѣ, когда папа сажалъ меня на лошадь, что это стыдно; но мама съ Антоніей успокоили ее тѣмъ, что я еще маленькая.

Подъѣхавъ къ мѣсту нашего роздыха, кто-то изъ офицеровъ научилъ солдатъ закричать мнѣ:

— Ура!.. Здравія желаемъ новой командиршѣ!.. что заставило всѣхъ, даже нашу чопорную миссъ разсмѣяться.

Папа крѣпко поцѣловалъ меня, спуская съ лошади на руки деньщика Воронова; а я такъ была довольна, что даже не замѣтила, укололъ ли онъ меня на этотъ разъ своими усами...

Къ вечеру, въ тотъ же день мы пріѣхали въ хорошенькую малороссійскую деревню, гдѣ должны были долго прожить. Но я такъ устала, что ничего вокругъ себя не видѣла, и едва напившись чаю, крѣпко заснула.

XXVI.

На новыхъ мѣстахъ.

Проснувшись рано на другой день, я выглянула въ окно и торопливо начала одѣваться. Передъ окнами былъ густой вишневый садикъ, и я начала будить Лелю, чтобъ скорѣе погулять съ ней; но она была такая соня, что я успѣла набѣгаться вдоволь, пока она поднялась.

Славный у насъ былъ тутъ домикъ и садъ, совсѣмъ простой заросшій, но такой тѣнистый, что въ немъ отлично бывало играть въ прятки. Въ одномъ концѣ его стояла бѣлая хатка хохлушки сторожихи, у которой было множество птицы, не только домашней, а также перепеловъ, дроздовъ и голубей, съ которыми я цѣлыя утра возилась, до самыхъ уроковъ, убѣгая къ хохлушкѣ въ гости.

Такъ у нея было славно, въ ея чисто выбѣленной внутри и снаружи хатѣ, въ полисадникѣ, засаженномъ подсолнечниками и высокими, разноцвѣтными цвѣтами рожи; такая она сама была хорошая, веселая да забавница, что мы часто съ Лелей заслушивались ея бойкихъ рѣчей, хотя не совсѣмъ ихъ понимали. И какія вкусныя она варила галушки, да пышки пекла, — прелесть! Не только мы и мама сама съ удовольствіемъ ихъ кушала съ утреннимъ чаемъ. Мы очень подружились съ нею и называли не иначе, какъ хозяйкой, хотя домъ нашъ совсѣмъ принадлежалъ не ей Это былъ хорошій деревянный домъ о нѣсколькихъ комнатахъ, просторныхъ и свѣтлыхъ. Я жила въ одной комнатѣ съ Леонидомъ и Антоніей; Леля спала рядомъ съ миссъ Джефферсъ; а у мамы была угловая комната, спальня и вмѣстѣ кабинетъ, гдѣ она проводила часто цѣлые дни и вечера за работой. Ей теперь было гораздо лучше, чѣмъ въ прежнихъ стоянкахъ папиной батареи, гдѣ, бывало, ея рабочій столъ отдѣлялся отъ нашей дѣтской одной каленкоровой занавѣской. Съ высокаго крыльца нашего выходившаго по другую сторону сада въ большой зеленый дворъ, былъ прекрасный видъ,—на далекія поля, темныя дубовыя рощи, да вишневые садики, изъ за которыхъ по утрамъ живописно подымался голубой дымокъ спрятанныхъ за ними хатъ, разстилаясь по долинѣ.

Мы часто ходили на дальнія прогулки, въ сосѣднія хутора или въ большой фруктовый садъ какого-то помѣщика, который никогда тутъ не жилъ. Антонія рѣдко съ нами ходила; у нея было много дѣла и она любила больше оставаться съ мамой, которая по прежнему часто болѣла. Мы отправлялись почти всегда въ одномъ порядкѣ: впереди шла наша англичанка, за нею Аннушка везла Лиду въ деревянной повозочкѣ; потомъ шла Маша, а мы бѣгали во всѣ стороны, то опережая ихъ, то отставая. Въ этихъ прогулкахъ я часто засматривалась на высокую фигуру нашей некрасивой миссъ Джефферсъ. Меня удивляли ея вѣчное спокойствіе и неподвижность!.. Какъ прямо шла она, уткнувшись носомъ и устремивъ свои косые глаза въ англійскую книгу, которую держала высоко передъ собою. потому что была очень близорука. Изрѣдка обращалась она къ намъ, въ особенности къ Еленѣ, съ какимъ нибудь вопросомъ или замѣчаніемъ, котораго сестра никогда не слушалась; на что въ свою очередь и миссъ не обращала ровно никакого вниманія и продолжала важно шагать передъ нами, какъ какая нибудь длинноногая цапля на болотѣ. На обратномъ пути обыкновенно происходила перемѣна: Лида бывалъ ужь на рукахъ няньки, а Маша везла обратно повозочку полную сливъ, вишенъ или хорошихъ дынь и арбузовъ, съ дальней бахчи.

Мы каждый день аккуратно учились; особенно Леля очень серьезно занималась съ гувернанткой англійскимъ языкомъ, а французскимъ и еще многому другому—съ Антоніей; кромѣ того къ ней откуда-то пріѣзжалъ три раза въ недѣлю учитель музыки. Несмотря на много уроковъ, Леля все-таки находила время шалить, такая ужь она была проворная!

Я тоже была порядочная шалунья, но все-таки не такая; я никогда не умѣла выдумать такъ хитро, какъ Леля, и кромѣ того я была послушнѣе. Въ особенности я слушалась всегда Антонію. Я очень ее любила!.. Прежде, въ Саратовѣ, гдѣ у меня было столько родныхъ, моя баловница бабушка, столько развлеченій и удовольствій, такъ много знакомыхъ, я не такъ была близка къ ней, какъ теперь. Теперь же я гораздо больше съ нею училась и такъ какъ мнѣ совершенно не съ кѣмъ было играть, кромѣ Лели, то я вообще проводила съ нею гораздо болѣе времени. Когда было ей время, никто не умѣлъ такъ забавить меня игрой, а еще чаще разсказами, какъ милая моя Тоничка,—

такъ она пріучила меня называть себя, въ рѣдкихъ случаяхъ когда я говорила съ ней по-русски, чего впрочемъ почти никогда не случалось, такъ какъ она съумѣла увѣрить меня съ четырехлѣтняго возраста, что она ни слова по-русски не знаетъ. Антонія такъ любила дѣтей вообще, а меня въ особенности, что умѣла ради нашего удовольствія, играя съ нами, сама превращаться въ ребенка и искренно веселиться вмѣстѣ съ нами. Она была удивительно дѣятельна: всегда занятая съ утра до вечера и даже во время нашихъ уроковъ, она не переставала шить или вязать.

Разъ я читала ей громко исторію маленькаго Шарля, который, не желая учиться въ школѣ, по дорогѣ туда заговаривалъ со всѣми встрѣчными: съ лошадью, съ собакой и съ пчелкой; а Антонія, разложивъ на полу что-то очень большое, кроила, ползая на колѣнахъ съ ножницами въ рукахъ и не глядя на меня, поправляла каждую мою ошибку. Я очень удивлялась, какъ она можетъ безошибочно знать каждое слово, не глядя въ книгу?..

— Это совсѣмъ нетрудно, отвѣчала она, улыбаясь, на мой вопросъ. Ты сама будешь дѣлать то же, когда выростешь.

— О! нѣтъ, я никогда не буду знать всего, что вы знаете! отвѣчала я съ такимъ же недовѣріемъ къ своимъ будущимъ знаніямъ, какія выражала когда-то бабушкѣ по дорогѣ съ нею въ пріютъ.

— Вотъ вздоръ какой! Ты вѣдь увѣряла же меня прежде, что никогда не будешь говорить по-французски. Помнишь, какъ я тебя увѣрила, что не знаю по-русски?.. Ты капризничала, говоря, что никогда не поймешь меня и не будешь отвѣчать; а я спорила, что очень скоро научишься. Кто же былъ правъ?.. Ты тогда была такая маленькая дурочка, что повѣрила, что я сразу забыла русскій языкъ. Помнишь?

— Да, еще бы не помнить! И какъ я удивлялась, когда вы намъ читали русскія сказки!.. Я была совершенно увѣрена, что вы не забыли только читать, но ничего не понимаете.

— Видишь-ли, какъ удалась моя хитрость?.. Теперь ужь незачѣмъ больше и обманывать тебя: ты сама иначе не говоришь со мной, какъ по-французски.

— Да когда по-французски какъ-то ловче!

— Ну и слава Богу, что ловче. По-русски можешь говорить со всѣми, а со мной и съ миссъ надо русскій языкъ оставлять въ сторонѣ.

— Такъ, пожалуй, и миссъ насъ обманываетъ! вскричала я:—можетъ быть, и она знаетъ по-русски, а только съ нами говорить не хочетъ, чтобъ мы скорѣе по англійски научились?..

— Wha', отозвалась изъ другой комнаты англичанка: what about miss?..

Антонія засмѣялась.

— Нѣтъ, сказала она:—миссъ Джефферсъ въ самомъ дѣлѣ не знаетъ ни русскаго языка, ни даже французскаго, а не то я разсказала бы ей въ чемъ дѣло. Теперь, такъ какъ я не говорю по-англійски,—приходится намъ позвать Лоло на помощь... Ты вѣдь еще не съумѣешь ей сама объяснить?

Я отрицательно покачала головой.

Позвали Лелю и она мигомъ разсказала англичанкѣ о чемъ мы говорили. Она сначала слушала безпокойно, перекосивъ свой свѣтлый глазъ на темный и высоко закинувъ, по своему обыкновенію, голову назадъ; потомъ успокоилась и начала увѣрять меня, что не можетъ выучиться по-русски, потому что стара для этого; а что мнѣ самой надо скорѣе научиться говорить по-англійски и пѣть «pretty english songs»... Я сдѣлала гримасу, не находя ровно ничего хорошаго въ ея пѣсенкахъ. Миссъ мнѣ ужасно надоѣла со своей единственной пѣсней про какого-то короля, который въ казначействѣ считалъ свои деньги въ то время, какъ королева ѣла хлѣбъ съ медомъ, а ихъ бѣдная служанка вышла развѣсить въ саду бѣлье и вдругъ прилетѣла маленькая черная птичка и выклюнула ей носъ... Я совершенно справедливо находила эту пѣсню ужасно безсмысленной и горячо доказывала, что королевскія служанки бѣлья въ садахъ не развѣшиваютъ, а маленькія птицы никакъ

не могутъ склюнуть человѣческаго носа... Тѣмъ
не менѣе я къ концу лѣта уже порядочно болтала
по-англійски, не только съ «миссъ», но и съ се-
строю.

Мама ужасно радовалась нашимъ успѣхамъ, а
папа говорилъ, что напрасно мы не учимся его
родному, нѣмецкому языку, вмѣсто любимаго ма-
мою англійскаго.

— Постойте вотъ, говорилъ онъ: — повезу васъ
къ бабушкѣ, она заговоритъ съ вами по-нѣмецки,
а вы не понимаете!.. Вотъ и будетъ и вамъ, и ма-
мѣ стыдно.

— Вотъ еще! закричала я: — бабочка не станетъ
говорить съ нами на чужомъ языкѣ... Она сама
много языковъ знаетъ, а говоритъ всегда по-русски.

— Дурочка! Я не про ту вашу бабушку, что
въ Саратовѣ живетъ, говорю. Это другая: моя ма-
ма... Она не такъ далеко отсюда. Вотъ соберем-
ся, — съѣздимъ къ ней въ гости.

— Я не хочу!.. Какая тамъ еще новая бабуш-
ка?.. У меня одна бабушка: — бабочка!.. Другой и
не хочу.

Мама и Антонія остановили меня.

— Стыдно большой дѣвочкѣ такъ глупо гово-
рить!

— Ты еще не знаешь этой бабушки — папи-
ной мамы; а когда узнаешь, навѣрное полюбишь
также, какъ и мамину маму.

— Никогда! протестовала я, не запинаясь. Какъ я могу другую полюбить такъ, какъ свою родную, милую бабочку?.. Ни за что на свѣтѣ!

— Перестань же, глупенькая! сказала мама серьезнымъ голосомъ: но я видѣла, несмотря на ея строгій тонъ, что чудесные, добрые глаза ея улыбались мнѣ ласково.

— Покормитъ тебя бабушка конфетами, ты и ее крѣпко полюбишь, замѣтилъ папа.

Я только что хотѣла сердито отвѣчать ему, когда Антонія взяла меня за руку и, пока мама заговорила о чемъ-то съ папой, тихо и строго сказала, уводя меня въ другую комнату:

— Молчи! какъ не стыдно тебѣ огорчать отца?

— Чѣмъ? удивилась я.

— Тѣмъ, что говоришь, что не хочешь поѣхать къ его мамѣ. Это его обижаетъ и огорчаетъ!.. Подумай, если бы кто нибудь сталъ бранить твою мать,—пріятно ли бы это тебѣ было?..

— Да я совсѣмъ не браню... сконфуженно бормотала я:—я только говорю правду, что никого такъ не могу любить, какъ бабочку...

— Никто тебя объ этомъ не спрашиваетъ. И, наконецъ, почемъ ты можешь знать это, не зная совсѣмъ бабушки Васильчиковой?.. (Мать моего отца по второму браку была Васильчикова). Когда узнаешь и увидишь, какая она добрая и какъ васъ любитъ, тогда другое запоешь...

И Антонія долго говорила на эту тему.

Я молчала... Сколько она меня не старалась увѣрить, я все-таки была твердо убѣждена, что не можетъ быть д р у г о й такой бабушки въ цѣломъ свѣтѣ, какъ моя родная бабочка, и что я никогда не полюблю папину маму такъ, какъ ее.

Однако, Леля, которой удивительно легко давались языки, сама вызвалась учиться по-нѣмецки и начала три раза въ недѣлю аккуратно заниматься съ Антоніей. Къ осени она уже много понимала и читала совершенно свободно. Папа хвалилъ ее и въ шутку назвалъ ее разъ «достойной наслѣдницей своихъ славныхъ предковъ, германскихъ рыцарей Ганъ-Ганъ фонъ-деръ Ротеръ Ганъ, не знавшихъ никогда другого языка, кромѣ нѣмецкаго»...

— Значитъ, папа, они были очень необразованные, сказала я:—потому что мама говоритъ, что всѣ образованные люди должны знать нѣсколько языковъ...

Папа засмѣялся и, цѣлуя меня, сказалъ, что желалъ-бы, чтобъ я была очень образованной дѣвицей, а потому и попроситъ Антонію Христіановну занитьея и со мной нѣмецкимъ языкомъ.

XXVII.

Болѣзнь.

Вскорѣ послѣ нашего пріѣзда, я разъ легла спать очень рано, съ головною болью и проснулась вдругъ, какъ мнѣ показалось, среди ночи, но вѣроятно это былъ вечеръ, потому что Антонія еще не ложилась и веселые голоса мамы и ея слышались изъ сосѣдней комнаты и почему-то ужасно меня испугали: мнѣ казалось что случилось, вѣрно, что нибудь страшное... Я быстро вскочила, чувствуя, что вся горю и отбросила одѣяло. Въ ушахъ у меня звенѣло, все тѣло мое чесалось и мнѣ страшно хотѣлось пить...

— Antonie! вдругъ закричала я сердитымъ и вмѣстѣ испуганнымъ голосомъ. Venez donc ici! Où êtes vous?

Мама и Антонія вбѣжали вмѣстѣ, испуганныя моимъ крикомъ. Я схватила маму за руку и сидя на рѣшеткѣ своей кровати, вся дрожа, спросила:

— Кто это тамъ?.. Въ углу!

— Гдѣ?... Кто?.. кого ты видишь?..

— Да вотъ! махнула я рукою въ уголъ: этотъ высокій, сѣрый человѣкъ, съ поднятой рукою?.. Монахъ...

— Что ты, Христосъ съ тобою? Никакого монаха здѣсь нѣтъ. Мама пощупала мнѣ голову и безпокойно прибавила: да у тебя жаръ!

— Ахъ! какой тамъ жаръ?—мнѣ холодно. Меня кусаютъ муравьи!.. И зачѣмъ этотъ сѣрый монахъ тутъ стоитъ?.. Прогоните его! Смотрите: какая отъ него длинная тѣнь ложится по всему полу!.. Зачѣмъ онъ такъ высоко поднялъ руку и держитъ прямо, прямо?...

Мама сѣла возлѣ меня стараясь меня успокоить, а Антонія побѣжала, чтобъ послать за докторомъ. Я ни за что не хотѣла лежать смирно, разбрасывалась и съ ужасомъ смотрѣла на сѣраго человѣка.

Странно, что это видѣніе моего воображенія, преслѣдовало меня во всякой болѣзни, все мое дѣтство. Едва я впадала въ бредъ, какъ высокій сѣрый человѣкъ, одѣтый монахомъ, съ поднятой вверхъ ладонью и длинной черной тѣнью на полу, являлся и стоялъ неподвижно, гдѣ нибудь поодаль,—въ дверяхъ или простѣнкѣ и никогда не измѣнялъ положенія. Онъ даже часто снился мнѣ, но я боялась его только въ болѣзни.

Особенно на этотъ разъ онъ казался мнѣ страшенъ.

— Да прогоните же его! кричала я: я не хочу оставаться съ нимъ! Возьмите меня отсюда!.. Эти муравьи меня съѣдятъ.

Мама сѣла возлѣ меня, стараясь меня успокоить и я скоро забылась, припавъ къ ея рукѣ.

Когда я пришла въ себя, среди ночи, оказалось, что меня перенесли въ мамину комнату и навалили на меня нѣсколько одѣялъ и шубу, которую я поспѣшила сбросить съ себя на полъ, попросивъ воды, напиться. На голосъ мой мама приподнялась на кровати, а Антонія встала съ дивана и начала поспѣшно закрывать меня опять салопомъ, по самое горло, а вмѣсто воды дала мнѣ чего-то теплаго, противнаго...

— Что это за гадость? закричала я: я хочу холодной воды.

— Не говори пустяковъ: холоднаго тебѣ нельзя, потому что ты пила малину и должна теперь закрываться, какъ можнотеплѣе. Скорѣй, скорѣй, спрячь руки подъ одѣяло.

И Антонія натянула мнѣ шубу на самый носъ.

Намучилась я въ эту ночь отъ жару и жажды: за то больше не видала монаха и къ утру прошла вся моя крапивная сыпь. Черезъ два дня я встала, а дней черезъ пять шесть мнѣ позволили выйти въ садъ.

То-то была радость! Я больше всего скучала эти дни о своихъ птицахъ, которыхъ такъ любила кормить на чистенькомъ дворикѣ хохлушки. Я нашла ихъ всѣхъ очень измѣнившимися: желтые гусенята и цыплята, которыхъ я оставила пуховыми шариками ужасно подурнѣли! Они стали такіе неуклюжіе, въ рѣдкихъ торчащихъ перышкахъ на крыльяхъ и хвостикахъ. За то голуби и перепела были все такіе же хорошенькіе... А вишневые-то кусты, какъ измѣнились?.. За послѣднюю недѣлю вишни такъ созрѣли, что густая зелень вся была покрыта исчерна-красными, сочными ягодами, смотрѣвшими очень апетитно.

— Вотъ прелесть! говорила я, любуясь.

— Ну-ужъ! Нашла прелесть! презрительно отозвалась Леля. Дрянныя вишни!.. Вспомни-ка, что теперь въ грунтовомъ сараѣ, на нашей дачѣ, въ Саратовѣ!

Я вспомнила и глубоко вздохнула. Какъ ни милъ былъ нашъ садикъ, но, разумѣется, онъ не могъ сравниться съ саратовской рощей. Къ тому же я очень часто скучала о родныхъ и особенно о доброй своей бабочкѣ, и слова сестры заставили меня пригорюниться.

— Ну, чего ты насупилась? засмѣялась она черезъ минуту. Чтожъ дѣлать?—дача далеко; а у насъ здѣсь тоже недурно. Давай играть въ прятки!

И Леля вскочила и побѣжала въ самую глубь сада прятаться. Она, по своему обыкновенію, принялась спачала бѣгать; взлѣзать на деревья, перелѣзать въ сосѣдніе садики черезъ плетень, — хотя и то и другое намъ было строго запрещено, — и, вообще, ужасно шалила. Но шалости, какъ и все

на свѣтѣ, ей очень скоро надоѣдали: она безпре-
станно мѣняла расположеніе духа. Благополучно
спустившись на землю со старой груши, на кото-
рой только что звонко куковала, бросая въ меня
неспѣлыми фруктами. Леля бросилась въ высокую,
некошеную траву и начала смѣшить меня разнымъ
вздоромъ и выдумками, на которыя была большая
мастерица.

Она увѣряла, будто бы одинъ изъ папиныхъ
офицеровъ—маленькій, толстый капитанъ, кото-
рый очень много ѣлъ, ужасно нравился нашей раз-
ноглазой, косой англичанкѣ, тоже любившей поку-
шать. Что будто сама она, Леля, слышала, что
онъ ей говорилъ: «Миссъ! я бы сейчасъ на васъ
женился,—еслибъ вы хоть одинъ разочекъ на
меня пряменько взглянули!..» Косыми-то глаза-
ми! Наша бѣдная миссъ ни на кого не могла смот-
рѣть прямо.

—Онъ вѣдь, ты знаешь, лысый! говорила Ле-
ля. Накладку носитъ. Такъ я миссъ уже обѣщала,
что если она выйдетъ за него замужъ, такъ я не-
премѣнно въ день ихъ свадьбы, заберусь въ цер-
ковь и той самой удочкой, что недавно папа мнѣ
подарилъ, чтобъ ловить рыбу, зацѣплю и стащу
паричекъ съ его лысенькой головки!.. Непремѣн-
но! И еслибъ ты знала, какъ миссъ этого боится,—
ужасъ! Я думаю, она ни за что не посмѣетъ за него
выйдти замужъ!..

Я очень хорошо знала, что Леля все это выдумываетъ; но она такъ смѣшно разсказывала, что нельзя было не смѣяться, глядя на совершенно серьезное лицо, съ которымъ она болтала такіе пустяки.

XXVIII.

Вареники.

Дня черезъ два мы опять играли въ саду, когда къ намъ подошла хозяйка, хохлушка наша, прося насъ придти къ ней въ хату попробовать, какіе она, ради Божьяго праздника,—а было воскресеніе,—вкусные вареники съ вишнями сварила.

— Вареники?... Ахъ! какъ жаль, что намъ нельзя! съ глубокимъ сожалѣніемъ воскликнула я.

А дѣло было въ томъ, что мнѣ послѣ болѣзни, а Лелѣ по случаю недавняго разстройства желудка, было строжайше запрещено ѣсть вишни. Отпуская насъ въ садъ, Антонія намъ еще разъ это напомнила и мы ей дали слово не рвать вишенъ, что до сихъ поръ свято исполняли. Но тутъ, выслущавъ приглашеніе, Леля закричала:

— Отчего нельзя!... Вотъ еще глупости!

— Да какже, мы Антоніи обѣщались?..

— Что обѣщали? Глупая! Вѣдь мы обѣщали не ѣсть вишенъ,—а не варениковъ съ вишнями!..

— Развѣ это не все равно?

— Конечно, не все равно: сырыя вишни или вареныя!.. Вареники—это все равно, что варенье; а ты знаешь, что тебѣ давали даже лекарство закусывать малиновымъ вареньемъ. Пойдемъ!

— Ходыть до мене, гарненьки мои барышни! уговаривала насъ хохлушка, не знавшая, что намъ запрещены были вишни. Попоиште варенычковъ моихъ пшенычныхъ. Яки-жъ воны смачны!

— Ну пойдемъ! не выдержала и я, вставая.

И мы направились къ хозяйкиной хатѣ.

Ужъ и вареники же, въ самомъ дѣлѣ, какіе вкусные были! Изъ бѣлой муки, съ отборными, спѣлыми вишнями и всѣ залиты свѣжимъ, сотовымъ медомъ. Просто на славу!.. Наша добрая хохлушка была хозяйка домовитая: у нея тутъ же въ палисадникѣ и свои ульи стояли. Мы боялись, изъ-за пчелъ, ходить туда и только издали любовались его кудрявой липкой и высокимъ тыномъ, увитымъ хмелемъ, изъ за котораго красиво пестрѣли подсолнечники, рожи, да бузиновые кусты.

Ай да вареники!.. Мы ѣли, да только облизывались. Глиняная мисочка, поставленная передъ нами на столъ, уже совсѣмъ почти опустѣла, когда вдругъ... о, ужасъ! въ маленькое окошечко изъ саду раздался голосъ горничной дѣвушки, Маши-

Мы такъ и замерли съ варениками во рту.

— Лёля! Вѣрочка!.. гдѣ вы?.. кричала она...

Мы такъ и замерли, съ деревянными ложками въ рукахъ и варениками во рту!

Что тутъ дѣлать?.. Насъ ищутъ; сейчасъ откроютъ, что мы двѣ больныя объѣдаемся варениками съ вишнями, скажутъ Антоніи, мамѣ!.. Какой стыдъ! Боже мой, куда намъ дѣваться?.. Куда бы спрятаться?.. Изобрѣтательная Лёля сейчасъ нашлась:

— Молчи! шопотомъ прикрикнула она на удивленную хозяйку: не говори, что мы у тебя! Скажи, что ты насъ не видала,—а не то насъ будутъ бранить.

Говоря это, она лѣзла сама и меня тащила за собою, на хозяйкину кровать, подъ высокую перину... Я забилась туда рядомъ съ сестрой и мы притихли; хотя я съ ужасомъ чувствовала, что не совсѣмъ успѣла спрятаться, что кончики моихъ ногъ торчатъ изъ-подъ взбитой горой пуховой перины.

Голосъ все раздавался въ саду громче и нетерпѣливѣе. Ясно, что опасность приближается, а тутъ эти ноги выставились на показъ и я никакъ не могу втянуть ихъ. Уфъ! измучили меня онѣ!.. Я бы, кажется, позволила ихъ обрубить совсѣмъ съ башмаками, только бы избавиться отъ мучительнаго сознанія, что ихъ видно на цѣлую четверть.

Вотъ ближе, ближе голосъ и наконецъ раздался у самаго окна:

— Что нашихъ барышень нѣту здѣсь?

Я прижала носки къ перинѣ и замерла.

— Ни! громко отвѣчала хохлушка, будто бы доставая что-то ухватомъ изъ печки: тутъ ихъ не бывало.

— И въ саду не видала ты ихъ? продолжала несносная Маша, пригнувшись къ низенькому оконцу.

— Да ни-же, ни! И въ саду не бачила... Не было ихъ туточки... солгала хозяйка, стуча горшками и ухватомъ.

— Вотъ оказія-то! удивлялась Маша. Да гдѣ-же это онѣ?.. Ужъ не черезъ плетень-ли, въ чужой садъ перелѣзли?..

И она пошла себѣ, снова выкликая насъ по именамъ.

Едва она отошла, Леля выскочила изъ подъ перины съ хохотомъ, вся красная, растрепанная и запрыгала, забила въ ладоши, отъ удовольствія. Хозяйка тоже смѣялась... Улыбалась и я... только мнѣ было немножко стыдно.

— Пойдемъ домой, сказала я тихо.

— Нѣтъ! подождемъ, чтобъ Маша совсѣмъ въ другую сторону отошла! съ необыкновеннымъ оживленіемъ отвѣчала Леля! Тогда мы вылѣземъ въ окно и пробѣжимъ прямо къ нашему крыльцу, будто разминовались съ ней. Никому и въ голову не придетъ, что мы были здѣсь.

Мы такъ и сдѣлали и благополучно вернулись домой, солгавъ, что мы все время играли по другую сторону сада. Никто не узналъ нашего обмана, пока мы сами, чрезъ долгое время не разсказали о немъ: но я должна сказать къ своей чести, что воспоминаніе объ этомъ происшествіи не только никогда меня не забавляло, но, напротивъ, было очень непріятно. Въ особенности мнѣ было стыдно передъ мамой и Антоніей! Сознаніе, что я обманула ихъ довѣріе, долго меня тяготило.

XXIX.

Поѣздка въ Диканьку.

За ученіемъ и шалостями время шло такъ скоро, что мы и не замѣтили, какъ пришелъ конецъ лѣта. Запестрѣли дубовыя рощи, закраснѣлась рябина и калина, а во фруктовыхъ садахъ ужь груши и яблоки были сняты.

Осень въ этомъ году была хорошая. Яркое солнце освѣщало своимъ холоднымъ, но веселымъ свѣтомъ рощи и опустѣвшія поля, на которыхъ уже убрали жатву, гдѣ летали длинныя нити блестящей паутины. Я любила ловить эту паутину, которую мы называли Богородицыными волосами. Я наматывала ее на руку и бѣжала, оглядываясь, смотря какъ она разстилается за мной по воздуху, переливаясь серебромъ на солнышкѣ.

Но, настало время, когда намъ пришлось прекратить прогулки: пришли сѣрые, ненастные дни. То дождь, то вѣтеръ, взметавшій желтыя листья, пасмурное неприглядное небо. Перестали турухтать и ворковать мои перепела и голуби; насупились, взъерошили свои перышки и чаще стали прятаться въ свои домики, настроенные для нихъ во дворѣ, отъ холода и непогоды.

Скоро и намъ пришлось попрятаться,—настала поздняя холодная осень.

Но, до ея окончательнаго наступленія, мы сдѣлали еще разъ славную прогулку, почти путешествіе. Мы знали, что мама иногда ѣздитъ въ одно богатое имѣніе Диканьку, откуда привозитъ всегда чудесные цвѣты, книги и ноты и о которомъ она разсказывала намъ много интересныхъ вещей. Мнѣ очень хотѣлось побывать тамъ, и вотъ, въ ясный сентябрьскій день, желаніе мое исполнилось. Я всегда думала, до сихъ поръ, что ничего не можетъ быть богаче и красивѣй нашего саратовскаго дома и рощи на дачѣ. Но, походивъ съ мамой по садамъ, парку, оранжереѣ съ цвѣтами, подобныхъ которымъ я никогда не видывала, по великолѣпнымъ заламъ, убраннымъ картинами, статуями и зеркалами, по галлереямъ съ мраморными колоннами и полами изъ цвѣтныхъ узоровъ,—я увидала, что очень ошибалась и что такой домъ и такіе сады мнѣ и во снѣ не снились!.. Это было имѣніе очень богатыхъ князей, которые, этимъ лѣтомъ, въ немъ не жили. Особенно любовалась я красивымъ, пестрымъ цвѣтникомъ, разбитымъ, какъ коверъ, турецкимъ узоромъ, прямо передъ широкимъ крыльцомъ, украшеннымъ вазами и вьющеюся зеленью. Изъ средины цвѣтника высоко билъ фонтанъ, упадая облакомъ пѣны и брызгъ въ бѣлый мраморный бассейнъ.

Пока мама возилась съ книгами въ библіотекѣ княгини, ставя на мѣсто прочитанныя и выбирая новыя, я все стояла на террасѣ, любуясь цвѣтами и фонтаномъ. Наконецъ, я вошла въ залу, гдѣ меня занялъ блестящій паркетъ, отражавшій мое бѣлое платьице и ноги точно зеркало. Пройдя нѣсколько большихъ, красивыхъ комнатъ, я вошла въ угловой, небольшой кабинетъ княгини, весь сплошь обитый чѣмъ-то голубымъ, мягкимъ, точно какъ бываютъ обиты внутри дорогія бонбоньерки, съ такою же мягкою голубою мебелью и прелестными вещами по стѣнамъ и этажеркамъ. Большое окно или стеклянная дверь, занимавшая чуть не цѣлую стѣну, была отворена въ садъ, а неподалеку отъ нея стояли мама и Антонія, разсматривая, у письменнаго стола, какой-то альбомъ или портфель. Мамино довольное, улыбавшееся лицо сейчасъ же привлекло мое вниманіе; объ онъ какъ то странно, улыбались, съ любопытствомъ разсматривая картинки въ альбомъ. Поодаль, въ другихъ дверяхъ, стоялъ благообразный старичекъ въ черномъ фракъ, который все намъ показывалъ, ходя вездъ съ нами.

— Такъ княгиня это сама рисовала? спросила мама, весело взглянувъ на старика.

— Сами-съ, почтительно отвъчалъ онъ. Онъ по этому рисунку изволили еще и другую картинку, немного поболъе, нарисовать масляными красками; но только ту онъ съ собою, въ чужіе края увезли.

— Много занимается живописью княгиня?

— Большія охотницы. И все больше изъ своей головы. То есть вотъ, что только прочтутъ или вздумаютъ, сейчасъ карандашикомъ набросаютъ, а послъ наверхъ, въ мастерскую: возьмутъ палитру, да кисти и другой разъ по цълымъ часамъ и не сходятъ.

— Можно видъть эту мастерскую?

— Отчего же-съ? ихъ сіятельство все вамъ приказали показывать. Другихъ мы не смъемъ до всего допускать: развъ что сады, оранжереи тамъ или вотъ домъ... Ну, а вашей милости все отъ самой княгини велъно: что только будетъ вамъ угодно! Книги, картины, цвъты...

Я остановилась среди комнаты и съ удивлені-
емъ смотрѣла на старика и слушала.

— Очень ужъ имъ понравились книжечки ва-
ши, сударыня! продолжалъ онъ разсказывать. Из-
волили видѣть въ библіотекѣ, въ какой богатый
переплетъ ихъ сіятельство сочиненія ваши отдѣ-
лали?.. Бывало, какъ выдетъ что нибудь новень-
кое, только и рѣчи у нихъ, что объ «Зинаидѣ
Р—вой»,—какъ вы подписываться изволите. Ужъ
на что мы, слуги даже, бывало за обѣдомъ или
вечеромъ съ гостями, все слышимъ о васъ, да о
сочиненіяхъ вашихъ разговоръ идетъ. Такъ, что
и мнѣ, старику стало любопытно: досталъ я у
управляющаго журналъ, прочелъ эту самую вашу
«Теофанію Аббіаджіо», что у нихъ вотъ
тутъ, на картинкѣ изображена...

— Qu'est ce qu'il dit?.. шопотомъ и въ величай-
шемъ недоумѣніи, спросила я Антонію; но она
такъ была занята разсказомъ старика, что, каза-
лось, не замѣчала и не слышала меня.

Мама тихо опустила на столъ открытый аль-
бомъ и и впилась въ него глазами.

Тамъ была нарисована какая-то женщина вся
въ бѣломъ съ черными, распущенными по плечамъ
волосами. Она стояла на высокой скалѣ. Внизу,
подъ скалой было темное море и волны его, и
платье, и длинные волосы женщины словно были
приподняты и развѣяны вѣтромъ...

— Пойдемъ, Вѣрочка, пора домой! сказала Антонія и, взявъ у меня альбомъ изъ рукъ, закрыла его и пошла изъ комнаты, вслѣдъ за мамой, тихо разговаривая съ нею.

Старикъ шелъ вслѣдъ за нами. Въ залѣ онъ вынулъ изъ воды великолѣпный букетъ цвѣтовъ и подалъ его мамѣ, сказавъ, что онъ нарочно для нея приготовленъ.

— Неугодно ли еще будетъ вамъ захватить корзиночку дюшессъ и яблокъ-ренетовъ съ собою, сударыня? говорилъ онъ, провожая насъ на крыльцо. Признаться, я всю недѣлю собирался отослать ихъ вамъ, да управляющій уѣзжалъ на ярмарку: всѣхъ почти лошадей забралъ, такъ и не пришлось.

Мама поблагодарила учтиваго старичка и мы уѣхали.

Не знаю, чѣмъ именно я развлеклась въ дорогѣ такъ, что забыла спросить, что говорилъ онъ и какая женщина нарисована въ альбомѣ?.. Только на другой день вечеромъ мнѣ удалось разспросить объ этомъ Антонію.

XXX.

Новыя мысли, новыя чувства.

Я запомнила этотъ вечеръ отлично.

Мы съ ней сидѣли на крыльцѣ нашего дома. Солнце уже садилось и темныя тучи, выползавшія ему на встрѣчу, закрыли его отъ насъ раньше времени; солнца не было видно, но кое гдѣ ближнія хаты съ садиками свѣтились яркими пятнами, на синемъ фонѣ дали, уже покрытой тѣнями. Мы только что кончили уроки. Антонія сѣла съ работой на крыльцѣ, предложивъ мнѣ поиграть на дворѣ, но я усѣлась у ногъ ея и любовалась яркими лучами солнца, расходившимися по всему небу, какъ стрѣлы изъ-за темной тучи.

— Погода испортится, конецъ яснымъ днямъ! сказала Антонія, взглянувъ туда же. Посмотри, какія красивыя тучи: точно волны на морѣ.

— Ахъ! вдругъ вспомнила я при этомъ словѣ; я хотѣла спросить васъ: что это за картинку вчера вы разсматривали въ Диканькѣ? Какая это женщина на скалѣ у моря?.. И что такое разсказывалъ вамъ этотъ старикъ?

— Что онъ разсказывалъ?.. Вотъ видишь ли, ты знаешь, что мама твоя, каждый день почти, по нѣскольку часовъ пишетъ у себя въ комнатѣ?

— Да, знаю. Ну, чтожь?

— Ну, то, что она пишетъ, у нея берутъ и печатаютъ въ книгахъ... Книги эти—ея сочиненія. Она пишетъ славныя вещи, которыя всѣмъ нравятся. Всѣ ихъ читаютъ и вотъ, эта княгиня, хозяйка Диканьки, прочла одно ея сочиненіе и нарисовала къ нему картинку.

— На мамину книгу?

— Да. Не на всю книгу,—а на одно мѣсто въ ней, которое ей понравилось.

— А какая-же это женщина, съ распущенными волосами?

— Та, которой исторію мама написала. Ее звали «Теофанія Аббіаджіо»...

— Мама ее знала? прервала я.

— Нѣтъ, мама ее не могла знать, потому что ее никогда въ самомъ дѣлѣ на свѣтѣ не было. Она сочинила ея исторію...

— Какъ сочинила? Какже она могла?.. Почемъ она знала? И кто же ей повѣритъ? Вѣдь всѣ могутъ узнать, что она все это выдумала!...

— Не выдумала, улыбаясь поправила меня Антонія, — а сочинила. Это разница, которой ты еще не можешь понять... Всѣ знаютъ, что она пишетъ не о живыхъ людяхъ, но она такъ хорошо о нихъ разсказываетъ, такъ вѣрно и живо описываетъ, что когда ея книги читаютъ, то всѣ забываютъ, что этого, въ самомъ дѣлѣ, не было.

Я задумалась глубоко и чрезъ минуту спросила:

— Ну, а какже эта княгиня могла нарисовать портретъ „Теофаніи“ — какъ ее?.. Вѣдь она же ея не видала?

— Конечно не видала; но представила ее себѣ по маминому разсказу и такъ ее и нарисовала.

— А если мама скажетъ, что она ее совсѣмъ не такъ нарисовала? Что она не похожа?..

— Мама этого не скажетъ! разсмѣялась Антонія. Она нарисована такъ, какъ мама описала ее въ книгѣ.

— А мнѣ можно прочитать эту книгу?

— Нѣтъ, теперь нельзя, потому что ты ничего не поймешь въ ней; но, когда будешь большая, ты непремѣнно прочтешь все, что напишетъ мама.

— Ахъ! какже это она пишетъ?.. Какъ бы я тоже хотѣла умѣть!.. Кто же это ея сочиненія печатаетъ?

— Печатаютъ ихъ не здѣсь, въ Петербургѣ. Ты видѣла большія желтыя и зеленыя книжки, которыя къ намъ съ почты привозятъ?.. Онѣ называются журналами. Въ нихъ печатаютъ сочиненія разныхъ людей и платятъ имъ за это деньги.

— И мамѣ тоже платятъ деньги?! удивилась я.

— Да. Много денегъ.

— Да за что же? Кто ей платитъ?

Антонія, какъ могла понятнѣй, объяснила мнѣ журнальное дѣло и прибавила, что платой за то,

14*

что она пишетъ, мама платитъ жалованье англичанкѣ, учителямъ и выписываетъ себѣ и намъ нужныя книги...

— И вамъ она тоже платитъ? спросила я.

— Нѣтъ, покраснѣвъ отвѣчала Антонія: мнѣ она ничего не платитъ. Я получаю деньги отъ царя, а живу съ вами потому, что никого на свѣтѣ такъ не люблю, какъ вашу маму.

— А своихъ родныхъ?

— У меня нѣтъ родныхъ.

— Какъ? Неужели никого?.. Ни отца, ни матери, ни братьевъ, ни бабушки?..

— Рѣшительно никого... кромѣ одного брата, котораго я совсѣмъ не знаю.

— Какъ же можно не знать своего брата? Вотъ!..

Антонія промолчала, а моя мысль перепрыгнула на другой вопросъ:

— А за что же царь вамъ платитъ деньги? Онъ, развѣ васъ знаетъ?

— Какая ты смѣшная дѣвочка! засмѣялась она опять. Все тебѣ знать надо!.. Ну, царь платитъ мнѣ деньги за то, что я хорошо училась.

— За то что вы хорошо учились?.. Вотъ какъ!.. А если я буду хорошо учиться, онъ и мнѣ будетъ платить?

— Незнаю! Можетъ быть и будетъ. Только прежде всего, надо начать очень хорошо учиться!..

А теперь, довольно тебѣ разспрашивать; вотъ ужъ совсѣмъ темно. Скоро свѣчи и чай подадутъ... Пойдемъ-ка въ комнату.

Антонія ушла, но я не пошла за нею, а поставивъ локти на колѣни и подперевъ руками голову, глубоко задумалась, глядя въ темнѣвшую даль, о своей доброй мамѣ, трудившейся для насъ. О томъ, какая она умная, какъ это она такъ хорошо умѣетъ разсказывать о небывалыхъ людяхъ и вещахъ, что даже большіе ей вѣрятъ и думаютъ, будто она правду разсказываетъ!.. Прежде я никогда не думала о томъ, чѣмъ она занята въ своемъ кабинетѣ. Теперь эти занятія получили для меня особый смыслъ и интересъ и сама она, какъ будто сдѣлалась другою,—не только моей мамой просто, какъ прежде, а еще чѣмъ то новымъ, другимъ!.. Чѣмъ то такимъ особеннымъ, чего я никакъ не могла объяснить себѣ, но что заставляло меня смотрѣть на нее совершенно иными глазами.

Съ этого вечера я начала часто, подолгу засматриваться на ея блѣдное лицо, съ карими чудесными глазами, съ ласковой улыбкой. «Отчего это мама улыбается такъ странно?.. думала я, не такъ какъ другіе: не весело!.. И какіе у нея глаза,—большіе да темные. И вмѣстѣ блестящіе такіе!.. Моя мама очень хорошенькая и я ужасно люблю ее!..» заканчивала я всегда свои мысли.

Часто мама ловила мой взглядъ и разсмѣявшись спрашивала, что со мной?.. Почему я такъ смотрю на нее? Я конфузилась и незнала, что отвѣчать ей; но все чаще и дольше за ней наблюдала и впервые здоровье мамы начало меня безпокоить. Она въ шутку прозвала меня своимъ сторожемъ... Особенно любила я забираться тихонько въ ея комнату и пріютившись, незамѣченная ею, гдѣ нибудь въ уголкѣ, слѣдить, какъ быстро летала ея маленькая, бѣленькая ручка по бумагѣ. Какъ она останавливалась, перечитывая листы; задумывалась, разсѣянно устремивъ глаза въ одну точку, иногда улыбалась, словно видя что нибудь предъ собою, иногда хмурила свои тонкія брови и лицо ея дѣлалось такое серьезное, грустное... Она снова бралась за перо и писала не отрываясь, пристально, быстро.

Мнѣ кажется, я только съ этихъ поръ начала сознательно любить свою маму. Вообще я очень измѣнилась въ эту зиму. Мнѣ начали приходить въ голову новыя мысли, я какъ то иначе стала относиться ко всему окружающему; чаще задумывалась, старалась вглядываться во все и прислушиваться внимательнѣе къ разговорамъ большихъ. Особенно занимали меня долгія бесѣды Антоніи съ мамой, когда онѣ, сидя вечеромъ, на мягкомъ диванчикѣ, то поочередно читали, то разговаривали о вещахъ, часто совсѣмъ мнѣ непонятныхъ, но которыя я старалась понять или дополнять непонятное своимъ воображеніемъ. Я теперь не приставала къ Антоніи такъ часто, какъ прежде, съ разспросами о пустякахъ; но нѣсколько разъ замѣчала, что мои вопросы приводятъ ее въ замѣшательство. Раза два, три даже случилось такъ, что она не могла или не хотѣла мнѣ отвѣтить и отдѣлывалась общимъ замѣчаніемъ, что я узнаю обо всемъ этомъ, когда выросту...

— Да когда же это будетъ? Боже мой! когда же я наконецъ выросту, чтобъ обо всемъ говорить и читать, и все понимать?.. Когда же, наконецъ, я буду большой?!.» восклицала я часто.

И мнѣ искренно казалось, въ то время, что этого никогда не будетъ.

XXXI.

Неожиданности.

Пришла зима. Занесло, замело всѣ поля, всѣ дороги снѣгомъ. Садикъ нашъ сталъ непроходимъ: только узенькая тропка отъ насъ къ хозяйкиной хатѣ была протоптана мимо огорода; деревья стояли мохнатыя, опушенныя насѣвшими на вѣтви хлопьями, а окрестные хутора такъ осѣли въ рыхлый снѣгъ, словно спрятаться въ него хотѣли. Еслибъ не встрепанные, голые садики, да не сизые дымки по утрамъ, дальнихъ деревенъ нельзя было бы и отличить... Заперлись, законопатились окна и двери, затрещалъ яркій огонь въ печкахъ; пошли длинные, длинные вечера, а сѣрые деньки замелькали такіе коротенькіе, что невозможно было успѣть покончить уроковъ безъ свѣчей.

До самыхъ рождественскихъ праздниковъ я не запомнила ни одного случая, который бы сколько нибудь нарушилъ однообразіе нашей жизни. Передъ Рождествомъ папа ѣздилъ въ Харьковъ и навезъ оттуда всѣмъ подарковъ и много чего то, что пронесли къ мамѣ, въ комнату подъ названьемъ кухонныхъ запасовъ. Занятыя своими книжками съ картинками, мы не обратили на это никакого вниманія.

Вечеромъ насъ позвали въ гостиную, гдѣ мы увидали, что всѣ собрались при свѣтѣ одной свѣчи и ту папа задулъ, когда мы вошли

— Что это? Зачѣмъ такая темнота? спрашивали мы.

— А вотъ увидите, зачѣмъ! отвѣчала намъ мама.

— Не шевелись! сказала Антонія, повертывая меня за плечи: стой смирно и смотри прямо передъ тобою. Мы замерли неподвижно въ совершенномъ молчаніи... Я открыла глаза во всю ширину... но ничего не видала.

Вдругъ послышалось шуршаніе и какой то голубой, дымящійся узоръ молнійкой пробѣжалъ по темной стѣнѣ.

— Что это? вскричали мы.

— Смотрите! смотрите, какой у мамы огненный карандашъ! Что она рисуетъ!.. раздался веселый голосъ папы.

На стѣнѣ быстро мелькнуло лицо съ орлинымъ носомъ, съ ослиными ушами... Потомъ другой профиль, третій... Подъ быстрой маминой рукой змѣйками загорались узоры, рисунки...

— Читайте! сказала она.

И мы прочли блестящія, дымившіяся, быстро тухнувшія слова: «Лоло и Вѣра—дурочки»!

— Ну вотъ еще! съ хохотомъ закричала Леля, бросившись къ мамѣ, покажите мамочка! Что это такое?.. Чѣмъ вы пишете?

— А вотъ чѣмъ! сказала мама и, чиркнувъ крѣпче по стѣнѣ, зажгла первую видѣнную нами фосфорную спичку. Сѣрныя спички явились въ Россіи въ началѣ сороковыхъ годовъ. Ранѣе того огонь выбивали кремнемъ.

— Что это за палочки такія? Отчего онѣ горятъ? Зачѣмъ онѣ?..

— Затѣмъ, чтобы не бѣгать на кухню за огнемъ, а всегда имѣть его подъ рукою.

И мама зажгла свѣчу, стоявшую на фортепіано. Мы продолжали стоять смирно и, раскрывъ рты отъ удивленія, смотрѣли на пламя свѣчи, ожидая что и съ ней сейчасъ произойдетъ, что нибудь необыкновенное; но видя, что она горитъ себѣ какъ всякая другая, огорчились и стали просить еще огненныхъ рисунковъ. Но мама сказала, что «хорошенькаго по немножку», что это опасная игра и для того, чтобы мы сами не вздумали повторять этихъ опасныхъ опытовъ, благоразумно спрятала спички въ свою шкатулку.

Наступилъ канунъ 1842 года.

Скучный, пасмурный, грустный канунъ!.. Почти съ самаго утра мы все были однѣ: мама—сказали намъ,—нездорова и зная, что она часто не выходитъ изъ спальни, когда больна, мы нисколько не удивлялись ни тому, что Антонія цѣлый день отъ нея не отходила, ни даже тому, что отецъ почти не показывался. Онъ только пришелъ, когда мы обѣдали втроемъ съ миссъ Джефферсъ; поспѣшно съѣлъ свой борщъ, посмотрѣлъ на насъ черезъ очки, улыбаясь, ущипнулъ меня за щеку, пошутилъ съ Лелей и ушелъ, сказавъ, что ему некогда.

Послѣ обѣда миссъ Джефферсъ исчезла тоже.

Мы съ Лелей усѣлись смирно въ полутемной комнатѣ, вспоминая съ затаенными вздохами о нашихъ прошлогоднихъ праздникахъ, о подаркахъ бабушки, о чудесной елкѣ Горова и недоумѣвая, сдѣлаютъ ли въ Саратовѣ безъ насъ елку или сочтутъ Надю слишкомъ большой для этого...

За окномъ, въ желтомъ сумракѣ, быстро, частой сѣткой, мелькали снѣжные хлопья и вѣтеръ ужь начиналъ подвывать въ трубахъ свою тоскливую, ночную пѣсню.

Не только я, но даже беззаботная, всегда веселая Леля присмирѣла. Мнѣ же было очень жутко и тяжко на-сердцѣ...

Вдругъ отворилась дверь и вошла Аннушка съ Леонидомъ на рукахъ, а за нею ея толстая сестра, Марья, жена папинаго деньщика Воронова, наша ключница и швея. Онѣ обѣ, улыбаясь, сѣли у стѣнки, поглядывая то на насъ, то на дверь,— словно ожидая чего-то. Мы еще ни о чемъ не догадывались. Я только успѣла обратить вниманіе на великолѣпный расписной пряникъ, который нашъ рыжій толстякъ держалъ въ пухлыхъ рученкахъ, обсасывая съ него сахаръ, когда снова отворилась дверь и мамина горничная Маша, вошла съ еще болѣе веселымъ лицомъ.

— Барышни! сказала она: идите скорѣе! Васъ маменька къ себѣ зовутъ!..

— Ахъ!! вскрикнула тутъ Леля, хлопнувъ себя по лбу: я знаю зачѣмъ!..

И выпрыгнувъ за дверь, она бросилась къ маминой комнатѣ. Я, разумѣется, за ней, но только добѣжавъ до порога спальной поняла въ чемъ дѣло. Совсѣмъ неожиданная, разукрашенная елочка блистала огнями среди комнаты. Подъ нею лежали игрушки, а вокругъ стояли мама, Антонія, папа, миссъ и всѣ улыбались, очень довольные, что цѣлый день провозившись съ елкой, насъ такъ искусно обманули.

Я и разсказать не могу, какъ обрадовалась! Для меня тутъ былъ большой деревянный, кукольный домъ съ тремя или четырьмя комнатами, меблированными и украшенными очень красиво. Папа съ мамой цѣлую недѣлю его оклеивали и убирали гостиную, спальную и кухню. Надъ нимъ была красная, высокая, какъ слѣдуетъ, крыша, съ трубами, а въ комнатахъ сидѣли и стояли разныя куклы. Меня особенно занялъ лакей-арабъ въ красной курткѣ, который подавалъ на подносѣ чай барынѣ, сидѣвшей на диванѣ. Мама отлично сдѣлала этого араба: она ему вышила красныя губы, бѣлые глаза, съ черными бисеринками вмѣсто зрачковъ, а изъ шерсти черные, курчавые волосы. Другія куклы тоже были всѣ маминой и Антоньиной работы и очень нарядно одѣты.

Я заглядывала на нихъ въ двери и окошки, удивляясь, какъ это ихъ могли тамъ разсадить? когда папа подойдя, приподнялъ немного крышу и опустилъ всю переднюю стѣну моего дома, такъ что онъ сразу открылся сверху и съ главнаго фасада. Увидавъ такой широкій входъ въ мой домъ, Лида началъ къ нему тянуться, капризничать и кричать до тѣхъ поръ, пока его не усадили въ главной гостиной, гдѣ онъ сейчасъ же началъ такъ безцеремонно хозяйничать, что привелъ меня въ отчаяніе!.. Хорошо, что мама успѣла вытащить его оттуда, уговорить и забавить какою-то другой игрушкой.

XXXII.

Что случилось въ кукольномъ домѣ.

Но, къ его несчастію и великому моему горю, негодному мальчишкѣ понравилось, вѣроятно, помѣщеніе въ моемъ домѣ. Черезъ нѣсколько дней, войдя въ комнату, гдѣ стоялъ мой домъ, я услышала въ немъ необыкновенный шумъ и движеніе. Бросившись къ нему я увидала въ окно, что Леонидъ Петровичъ сидитъ тамъ, поджавши ноги, съ карандашемъ въ рукахъ и во всю мочь разрисовываетъ полъ, потолокъ и стѣны, не жалѣя ни картинъ, ни обоевъ.

Кто посадилъ его туда и закрылъ за нимъ доску?—незнаю, но, дѣло въ томъ, что увидавъ его злодѣянія въ моей парадной залѣ, я пришла въ такую ярость, что совершенно забыла объ этой открывающейся стѣнѣ, а поймавъ его за руку въ одно изъ оконъ, ну! тащить его оттуда и такимъ образомъ таскать его вмѣстѣ съ домомъ по всей комнатѣ!..

На нашъ крикъ, слезы и шумъ сбѣжался весь домъ. Я, вся красная, вибившись изъ силъ, продолжала таскать брата за руку, выходя изъ себя, что не могу его вытащить чрезъ крошечное оконце кукольнаго дома; онъ, несчастный, опрокинутый внутри своего тѣснаго помѣщенія, съ рукою, вытянутой чуть не до вывиха, бился о стѣнки моей залы и кричалъ изо всѣхъ силъ... Съ трудомъ понявъ, въ чемъ дѣло, рознили насъ и вынувъ его, злополучнаго избитаго, краснаго, какъ ракъ, изъ сильно попорченнаго имъ кукольнаго помѣщенія, уняли его крики и усмирили насъ обоихъ.

— Вѣрочка! что съ тобою сталось? съ удивленіемъ говорила мама. Злая дѣвчонка! Я не ожидала отъ тебя такого ребячества и злости!..

Я сама никакъ не могла понять, какъ это случилось? Чтобъ я, такая «благоразумная» дѣвица, могла такъ разсердиться на маленькаго брата?.. Когда я увидала несчастное лице нашего бѣднаго толстяка, долго не перестававшаго жалобно всхлипывать, его измученную, красную ручонку, синяки на лбу его и вспухнія щеки, мокрыя отъ слезъ, мнѣ стало очень стыдно и жаль братишки; но я сейчасъ же постаралась скрыть эти добрыя чувства.

— Allez dans vôtre chambre, mauvaise petite fille! сердито сказала мнѣ Антонія. Maltraiter ainsi son petit frère, pour un joujou!

Я продолжала таскать брата за руку.

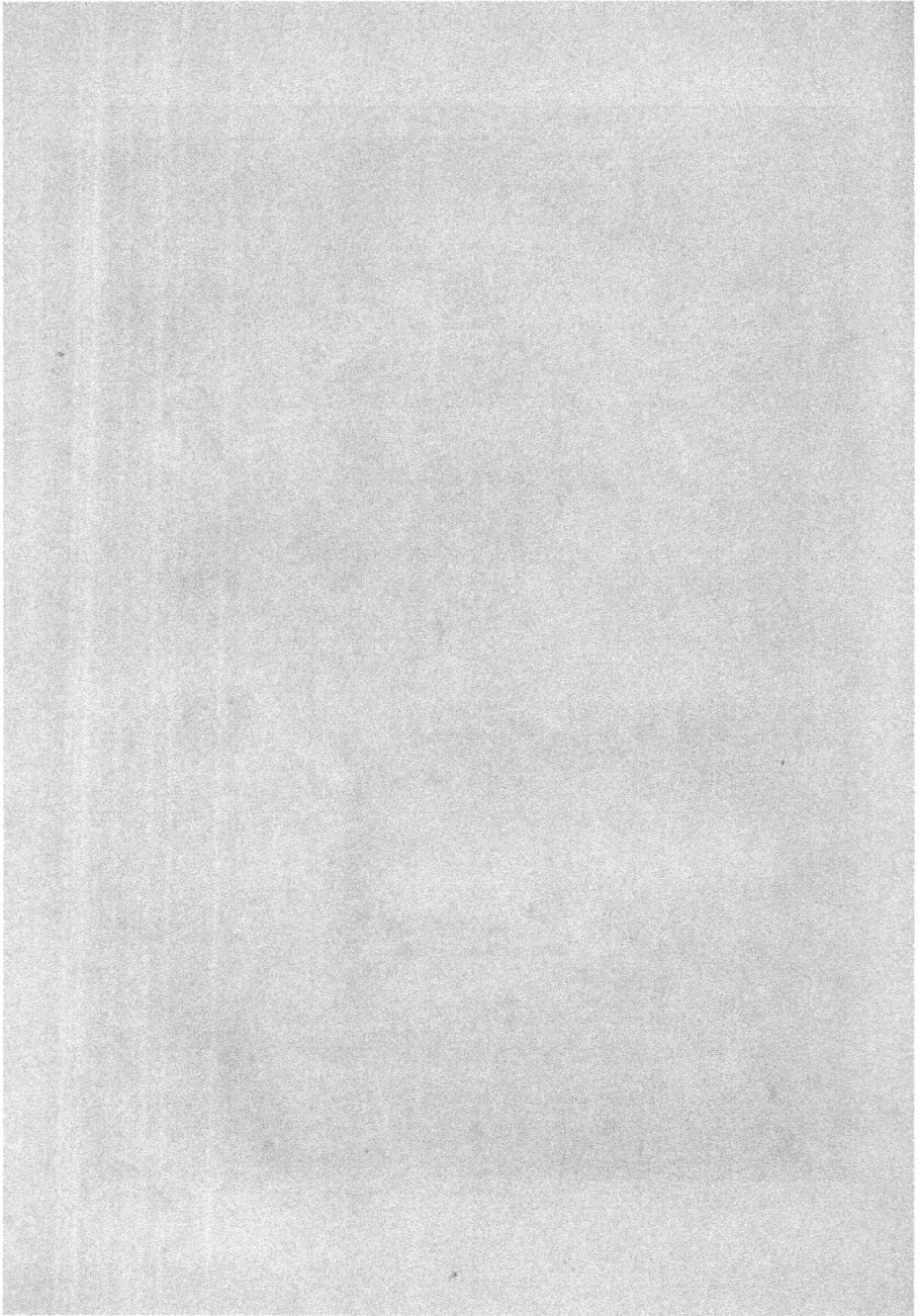

— Да! проворчала я, глядя на нее исподлобья: зачѣмъ онъ испортилъ мой домъ?

— Важность какая! Тебѣ игрушка дороже брата?.. Поди въ свою комнату сейчасъ и не смѣй выходить оттуда! Я не хочу тебя видѣть, и ни я, ни мама, тебя больше не любимъ!

Я пошла съ горькимъ чувствомъ на сердцѣ, изо всѣхъ силъ стараясь сдержать слезы, чтобъ не показать своей слабости... «Вотъ еще! Пускай лучше думаютъ всѣ, что мнѣ все равно и совсѣмъ не жаль Лиду!..» со злостью думала я. Я постаралась придать своему лицу самое сердитое и даже насмѣшливое выраженіе и усѣлась въ своей комнатѣ на окно. Но мнѣ скоро стало очень скучно... Я сначала надулась и наконецъ, не совладавъ съ собой, горько заплакала.

— Voilà qui est bien mieux que de bouder! замѣтила мнѣ мимоходомъ Антонія. Гораздо ужь лучше плакать, чѣмъ злиться.

Я еще пуще залилась слезами и вдругъ мнѣ показалось, что я такая бѣдная, такая несчастная, что другой такой и на свѣтѣ нѣтъ горькой дѣвочки!.. Въ самомъ дѣлѣ! меня-же обидѣли, меня-же наказали и моимъ же слезамъ радуются!

«Хорошо же! — пускай радуются: я буду плакать. Я буду такъ плакать, что заболѣю! Пускай тогда радуются моей болѣзни... Я, можетъ быть, такъ сильно заболѣю, что даже умру!.. Что-же

такое? — пусть умру! Я очень рада!.. Тогда всѣ
они узнаютъ, какая я несчастная была. Соберутся
всѣ вокругъ меня и будутъ жалѣть, и вспоминать,
и плакать!.. Будутъ хвалить меня и раскаяваться,—да ужъ не помогутъ!..»

Отъ этихъ мыслей я плакала все сильнѣй и
сильнѣй.

Мнѣ представились мои собственныя похороны и горе моей бѣдной мамы, и всеобщее удивленіе и жалость, не столько о смерти моей, какъ о
всемъ томъ, что я вытерпѣла, какъ страдала,
обиженная всѣми!..

Вся эта трагедія представилась мнѣ такъ ярко
и живо, что я не могла вытерпѣть и рыдая, высказала въ несвязныхъ словахъ свое горестное
будущее.

— Хорошо, хорошо! бормотала я: браните меня... Вы, можетъ быть, раскаетесь, когда будетъ
поздно...

— Не мнѣ, а вамъ надо раскаяваться, злая дѣвочка! хладнокровно возразила Антонія и ея жестокосердіе окончательно меня возмутило.

— C’est bien! опять повторила я, угрожающимъ
и вмѣстѣ таинственнымъ голосомъ: когда я, можетъ быть, скоро умру, вы этого не скажете!

Къ величайшему моему негодованію Антонія
засмѣялась.

— Когда вы умрете? ну, будемъ надѣяться,

что до тѣхъ поръ ты еще успѣешь исправиться!.. Отъ злости, мой дружокъ, не умираютъ. Если же ты умерла бы теперь, такою злою, то это было бы очень для тебя худо! Злыхъ дѣтей, повѣрь мнѣ, не любятъ ни люди, ни Богъ.

— Богъ видитъ, что я не злая, а несчастная! съ убѣжденіемъ возразила я.

— Въ самомъ дѣлѣ? опять засмѣялась Антонія: оттого, что отъ злости чуть не вывихнула брату руки?

Вдругъ Антонія взглянула на меня сурово и перемѣнивъ тонъ, заговорила очень серіозно:

— Ты должна стыдиться себя! Я считала тебя умной и доброй дѣвочкой, а ты вдругъ дѣлаешь и говоришь такія глупыя и злыя вещи!.. Это стыдно и грѣшно. Благодари лучше Бога за то, что все обошлось благополучно: ты могла убить бѣднаго маленькаго брата. Вотъ тогда бы ты была дѣйствительно несчастна! И на всю жизнь. Слава Богу, что мы прибѣжали во-время!.. А теперь, вмѣсто того, чтобъ стараться загладить свое поведеніе, ты еще продолжаешь злиться и выдумывать пустяки?.. Несчастныя дѣти на тебя не похожи, дружокъ мой: они не смѣютъ злиться, ворчать и тѣмъ болѣе обижать кого нибудь, какъ ты сейчасъ обидѣла Лиду. Напротивъ, ихъ всѣ обижаютъ и бьютъ безнаказанно.

15*

Антонія замолчала, задумавшись о чемъ-то. Я тоже притихла, чувствуя, что она права.

— У тебя есть мать, родные. Всѣ тебя любятъ и берегутъ, черезъ минуту заговорила она: какая же ты несчастная?.. А есть на свѣтѣ такія несчастныя дѣти, которыя никогда не видятъ ласки и рады-радешеньки, когда ихъ только не обижаютъ. Я не считаю себя особенно несчастной, а сколько натерпѣлась, когда была твоихъ лѣтъ!... Не дай Богъ тебѣ и въ половину столько видѣть горя. Семи лѣтъ я ужь прислуживала всѣмъ въ домѣ и чуть бывало не угожу, такъ голова потомъ цѣлый день болитъ отъ щипковъ, да пиньковъ. А я даже и плакать не смѣла, не то что жаловаться!

— Кто же вамъ могъ помѣшать? спросила я, какъ будто совсѣмъ равнодушно, но въ самомъ дѣлѣ сильно заинтересованная.

— Убѣжденіе, что если я посмѣю жаловаться, меня побьютъ еще сильнѣе.

— Кто же смѣлъ васъ бить?.. Развѣ мать ваша была такая злая?..

— У меня не было матери. Въ томъ-то и было самое большое мое несчастіе!..

— А отца? Гдѣ-же былъ вашъ отецъ?

— Отецъ мой былъ вѣчно боленъ и слишкомъ занятъ службой, чтобъ знать, что дѣлается въ семьѣ. А мачеха меня терпѣть не могла...

— Эти мачехи всегда злыя, какъ вѣдьмы!

— Нѣтъ, это вздоръ! Ты въ сказкахъ объ этомъ начиталась; а мачехи бываютъ очень хорошія, добрыя женщины. Мое горе было въ томъ, что моя мачеха была грубая женщина, почти мужичка; она считала любовью къ своимъ дѣтямъ страшнѣйшее баловство, а мнѣ не могла простить, что отецъ меня любилъ наравнѣ съ ея дѣтьми.

— Вотъ славно любилъ! воскликнула я съ негодованіемъ. Какая же это любовь, когда онъ позволялъ такъ обижать васъ?..

— Онъ не зналъ этого. При немъ мачеха удерживалась и старалась быть справедливѣй. А я такъ ее боялась и жалѣла отца, что никогда не хотѣла ему разсказывать. Когда онъ умеръ, мнѣ стало еще хуже! Меня ужъ совсѣмъ обратили въ служанку. Одѣвали въ такія грязныя тряпки, что мнѣ самой себя было стыдно и гадко, а зимой я мерзла отъ холода. Я должна была каждое утро приносить воды изъ колодца для всего дома: это была самая тяжелая работа для меня зимою, пока я не привыкла, оттого, что башмаковъ у меня никогда не было, кромѣ старенькихъ сестриныхъ, которые мнѣ едва лѣзли на полъ-ноги, потому что она была на три года моложе меня. По утрамъ, бывало, бѣгу я во всю мочь по-снѣгу, или по замерзшей грязи черезъ дворъ за водою; а у колодца, пока вода наберется, прыгаю, прыгаю съ одной ноги на другую, оттого, что пятки мнѣ морозъ, словно огнемъ жжетъ... Прибѣгу съ ведромъ вся синяя, трясусь, такъ что зубъ на зубъ не попадетъ, и должна въ комнатахъ выметать, прибрать все, приготовить сестрамъ и братьямъ одѣться, помогать ихъ мыть, чаемъ поить. А потомъ опять бѣжать на морозъ, за водою или въ лавочку за чѣмъ нибудь, мачеха пошлетъ.

— А вамъ чаю? прервала я.

— Ну, и мнѣ иногда давали; только мнѣ было мало времени думать о немъ, потому что дѣла было много... То-той, то-другой сестренкѣ моей что-нибудь понадобилось; то братья кричали и звали меня за помощь. Кромѣ меня была у насъ одна только старая, полуслѣпая кухарка. Она меня любила и жалѣла, только не могла ничѣмъ помочь, развѣ что воду за меня иногда набирала.

— Я бы на вашемъ мѣстѣ всѣхъ этихъ вашихъ сестренокъ и братьевъ колотила! злобно замѣтила я, сдѣлавъ жестъ такой, словно крѣпко, съ особеннымъ удовольствіемъ, щиплю кого-нибудь.

— Вотъ, славно было бы! возразила Антонія: чѣмъ же они то были виноваты, бѣдныя дѣти? Они и сами много терпѣли отъ нашей бѣдности и отъ грубости своей матери.

— Vilaine diablesse! вскричала я, не справясь съ своимъ негодованіемъ.

Антонія улыбнулась.

— Fi! quel vilain mot! сказала она. Où l'avez-vous entendu? Не надо говорить дурныхъ словъ, тѣмъ болѣе, что они никогда ничему не помогаютъ.

— Гдѣ же теперь они всѣ?

— Мачеха и сестры, и одинъ братъ мой умерли, всѣ въ одинъ мѣсяцъ, отъ холеры. А меньшой братъ мой живетъ со старшимъ, съ моимъ роднымъ братомъ, докторомъ, въ Петербургѣ и учится тамъ.

— А какже вы, какъ-то, говорили, что у васъ нѣтъ родныхъ? Вотъ есть же братъ?

— Есть, но я почти его не знаю... Раза два, три только видѣла въ институтѣ.

— А кто же васъ отдалъ въ институтъ?

— Я сама не знаю! засмѣялась Антонія: Господь Богъ вѣрно!

— Какъ Господь Богъ? Какъ же это? Разскажите пожалуйста! пристала я, совсѣмъ забывъ свое горе и слезы.

— Ma chère amie, отвѣчала Антонія: это длинная и грустная исторія! Лучше я разскажу ее тебѣ въ другой разъ.

Но я такъ начала просить и умолять ее не откладывать,—разсказать мнѣ все, сейчасъ же, что Антонія не могла отказать мнѣ и въ тотъ же вечеръ разсказала всю свою исторію.

XXIII.

Разсказъ Антоніи.

Ну, вотъ видишь ли, начала она, сложивъ свое шитье, потому что уже стемнѣло и принимаясь за чулокъ въ то время, какъ я умостилась на любимое свое мѣсто, на скамеечкѣ у ея ногъ, я тебѣ еще не сказала, что мы жили, когда я была ребенкомъ, въ маленькомъ нѣмецкомъ городкѣ, въ Финляндіи. Моя мать была дочь пастора; а отецъ служилъ въ русской службѣ. Я помню, какъ сквозь сонъ, что я съ братомъ, который лѣтъ пять старше меня, были очень счастливы, пока была жива мать моя и жили хорошо, потому что она была отличная хозяйка и помощница во всемъ отцу. По утрамъ, пока онъ былъ на службѣ, къ намъ приходило много дѣвочекъ и мальчиковъ, и мама учила ихъ до самаго обѣда; а послѣ обѣда переписывала для отца нужныя бумаги, или садилась шить, что нибудь, пока мы играли тутъ же возлѣ нея.

Лѣтомъ, я помню, часто ходили мы на большое озеро, недалеко за городомъ. Отецъ любилъ удить рыбу. Иногда онъ бралъ и насъ съ собою въ лодку и каталъ по гладкому озеру. Я очень боялась, когда братъ купался и заплывалъ слишкомъ далеко въ озеро. Мы, сидя съ матерью на берегу подъ высокой скалою, далеко далеко врѣзывавшейся въ воду, кричали ему и дѣлали знаки, чтобъ онъ вернулся, не плылъ дальше; но онъ часто не слушался насъ, и тогда я принималась плакать и со слезами кричать отцу, что Эрнестъ тонетъ. Отецъ только смѣялся и называлъ меня трусихой. Онъ говорилъ, что мальчику надо быть храбрымъ, умѣть плавать, стрѣлять и управлять лодкой, и что печего за него бояться.

Но разъ, въ воскресенье, мы отправились послѣ обѣда на озеро; отецъ сѣлъ въ лодку и, по обыкновенію, взялъ весла, поставивъ Эрнеста у руля, а я съ матерью остались на берегу. Она сѣла въ тѣни нашей скалы, а я принялась искать разноцвѣтныхъ камешковъ, раковинъ и моху, котораго очень много расло въ расщелинахъ скалы, кругомъ озера. Онъ былъ разныхъ сортовъ и тѣней съ мелкимъ бѣлымъ и розовымъ цвѣтомъ. Я любила играть имъ, устраивая сады, бесѣдки и красивые узоры изъ цвѣтныхъ раковинокъ. Въ этотъ разъ я такъ занялась игрою, что забыла обо всемъ, какъ вдругъ меня перепугалъ громкій крикъ матери, которая въ ту же минуту пробѣжала мимо меня съ протянутыми впередъ руками, точно хотѣла сама броситься въ воду. Я вскочила и въ страхѣ смотрѣла на озеро... Тамъ, далеко отъ берега виднѣлись двѣ лодки; одна, въ которой плылъ отецъ, а другая меньше, рыбачья лодочка съ бѣлымъ парусомъ. Но не туда смотрѣла мать, а мимо, въ другую сторону, гдѣ я ничего не могла сначала разсмотрѣть, потому что солнце ослѣпительно блестѣло, переливаясь золотыми струйками по мелкой, расходившейся ряби. Хотя сердце у меня крѣпко билось, но я ничего не могла понять, пока не разобрала отчаянныхъ криковъ матери: „Эрнестъ! Эрнестъ!.. О Боже мой, Боже мой!“

Тогда я тоже принялась кричать и плакать, зовя брата и тутъ только замѣтила въ серединѣ солнечнаго отраженія что-то черное, мелькавшее изъ воды. Оно вынырнуло разъ... другой... и потомъ исчезло въ глубинѣ...

Въ эту минуту мы замѣтили, что отецъ изо всѣхъ силъ поворачиваетъ лодку и гребетъ въ ту сторону; но маленькая, рыбачья лодка была ближе къ мѣсту и неслась тоже туда, совсѣмъ пригнувшись бѣлымъ, раздутымъ парусомъ къ водѣ. Въ нѣсколькихъ саженяхъ оттуда человѣкъ, въ ней сидѣвшій, закричалъ что-то отцу, чего мы не слыхали, спрыгнулъ въ воду, и исчезъ... Долго-ли онъ искалъ брата и какъ онъ спасъ его,— не знаю! но только дѣло въ томъ, что Эрнестъ непремѣнно бы погибъ, еслибъ не онъ. Въ томъ мѣстѣ, гдѣ онъ пошелъ ко дну, былъ сильный водоворотъ и надо было быть очень искуснымъ и сильнымъ пловцемъ, чтобъ избѣжать самому опасности и вытащить другаго.

Этотъ человѣкъ сдѣлалъ это. Онъ былъ здоровый и сильный рыбакъ, почти взросшій на водѣ, знавшій всѣ опасныя мѣста въ нашемъ озерѣ, такъ-же хорошо, какъ углы своей хижины, стоявшей на другомъ берегу. Туда они повезли брата, и туда побѣжали и мы съ бѣдной моей матерью, почти обезумѣвшей отъ страха и горя. Господи! какъ мы были счастливы, когда, прибѣжавъ усталыя, едва не падая, мы увидѣли брата, хотя очень страшнаго, но все-таки живаго! Мать моя едва не упала безъ чувствъ отъ радости и счастія!.. Она не знала потомъ, что дѣлать, бросалась къ Эрнесту, къ отцу, къ рыбаку, его спасшему, къ сестрѣ его, всѣхъ обнимая, плача и смѣясь въ одно время!.. Когда мы добѣжали до хижины, Эрнестъ только что пришелъ въ себя. Его долго откачивали и оттирали на берегу, прежде чѣмъ онъ очнулся. Слава Богу, что бѣдная мать не видала его въ такомъ состояніи! Она не знала, какъ благодарить рыбака... Когда, вскорѣ потомъ, его сестрѣ понадобилось идти въ услуженіе, мать съ радостью взяла ее къ намъ, въ няньки и, хотя скоро увидѣла, что она лѣнивая и капризная дѣвочка, но не рѣшалась отказать ей отъ мѣста, изъ благодарности къ ея брату. Эта дѣвушка и сдѣлалась потомъ нашей мачехой...

— Какъ? Этой скверной?.. невольно прервала я Антонію.

— Да, она была дурная женщина, а, главное, глупая и грубая...

— Какъ могъ отецъ вашъ на ней жениться?

— Что-же дѣлать? Онъ не зналъ ея... Когда мать умерла, эта Ида была у насъ въ домѣ всѣмъ на свѣтѣ: она смотрѣла за нами, хозяйничала, казалось, любила насъ, пока у нея не было своихъ дѣтей. Отецъ думалъ, что намъ будетъ хорошо, если онъ на ней женится. Но вышло не такъ. Брата спасли его года; онъ въ первое-же время возненавидѣлъ мачеху, сталъ ужасно грубить ей и упрекать отца. Она не смѣла при немъ обращаться со мной слишкомъ грубо... Но онъ скоро уѣхалъ къ дѣду нашему, пастору, который въ это время жилъ уже въ Петербургѣ, а потомъ поступилъ тамъ въ училище и больше не возвращался домой. Тутъ, года черезъ три, умеръ отецъ, и за меня ужь совсѣмъ не было кому заступиться; такъ что вѣрно я такъ бы и осталась на всю жизнь горничной-замарашкой, еслибъ самъ Богъ надо мной не сжалился.

— Какъ же это? Душечка, разскажите! не могла я снова не прервать ее.

— Да я же и разсказываю! улыбнулась моему

нетерпѣнію Антонія. Не знаю, по просьбѣ ли отца или самъ отъ себя, только дѣдушкѣ моему удалось записать меня кандидаткой на казенный счетъ въ Екатерининскій институтъ. Но дѣло въ томъ, что такихъ кандидатокъ, какъ я, тамъ было, конечно, нѣсколько сотъ, а потому попасть въ институтъ всѣмъ было очень трудно. Такое ужь мнѣ счастіе Богъ послалъ... Мнѣ было тогда десять лѣтъ и жила я ужь не у мачехи, а у кистера той церкви, гдѣ дѣдушка былъ когда-то пасторомъ...

— Какъ это?... Отчего?

— Такъ. Разъ зимою, въ очень холодный и бурный вечеръ, мачеха такъ разсердилась на меня, что выгнала на улицу, совсѣмъ забывъ, вѣрно, что въ такой холодъ я могла замерзнуть. Дѣло было въ томъ, что меньшой братъ, тотъ самый, что теперь учится въ Петербургѣ, любимый сынъ мачехи, опрокинулъ столъ съ цѣлымъ столовымъ приборомъ. Это-бы еще ничего, еслибъ онъ только разбилъ все и пролилъ, но вмѣстѣ со столомъ полетѣла на полъ кастрюля съ горячимъ картофелемъ и сильно ушибла и обожгла его, обливъ остаткомъ кипятку. На ужасный стукъ и крикъ бѣднаго мальчика вбѣжала мачеха, и не разобравъ въ чемъ дѣло, сгоряча прямо накинулась на меня, которой дѣти были, по обыкновенію, поручены. Она кричала, что это я во всемъ виновата, что я это сдѣлала нарочно, со злости обварила ребенка;

жестоко меня избила, и когда я стала пытаться оправдать себя, едва открыла ротъ — она пришла еще въ большую ярость и, не помня себя, вытолкала меня изъ сѣней на улицу и заперла дверь на ключъ.

Морозъ былъ крѣпкій!.. Я была совсѣмъ какъ помѣшанная отъ испуга и побоевъ и, сама не знаю зачѣмъ, побрела подъ снѣгомъ и вѣтромъ, куда глаза глядятъ...

На мнѣ было одно старое, дырявое платьишко, но я не чувствовала холода, хотя, вѣроятно, тряслась и коченѣла, сама того не замѣчая. Я шла до тѣхъ поръ, пока не упала обезсиленная возлѣ какого-то порога.

Случай-ли или старая память прошлыхъ посѣщеній дѣдушки, только я забрела на церковный дворъ, гдѣ жилъ онъ когда-то и упала у кистерова домика. Нашъ кистеръ, — это все равно, что дьяконъ, — былъ славный старичекъ, служившій еще у дѣдушки и знавшій мать мою ребенкомъ. Возвращаясь въ этотъ вечеръ домой, онъ ужасно удивился, наткнувшись на меня, а когда меня внесли въ комнату, и онъ меня узналъ, то страшно испугался. Меня оттерли снѣгомъ, уложили въ постель и напоили чѣмъ-то горячимъ; а когда я на другой день совершенно опомнилась и разсказала все, прося и моля со слезами, чтобъ меня не отсылали опять къ мачехѣ, то эти добрые люди сами плакали надо мною и, какъ ни были бѣдны, рѣшились оставить меня у себя и обо всемъ написали дѣдушкѣ.

Такъ я у нихъ и осталась... Хотя мачеха нѣсколько разъ присылала за мной старуху кухарку и увѣряла, что хотѣла только попугать меня, тотчасъ вышла за мною сама на улицу и посылала меня искать вездѣ въ тотъ-же вечеръ, — но добрая кистерша не отдала меня. Мачеха грозила, что будетъ жаловаться, насильно вытребуетъ меня къ себѣ; а они ей отвѣчали, что объявятъ начальству о ея жестокомъ обращеніи со мной, о томъ, что она едва не уморила меня, выгнавъ ночью на морозъ!.. Такъ оно и осталось, потому, вѣрно, что она сама боялась огласки... Только добрая старуха Катерина, наша кухарка, ушла отъ нея тогда-же, побранившись съ нею изъ-за меня, и такъ какъ мачеха почти ничего не могла платить, то и осталась, бѣдная, совсѣмъ безъ прислуги, съ тремя дѣтьми...

— Вотъ еще: бѣдная! Есть кого жалѣть! вскрикнула я.

— Конечно, бѣдная, спокойно повторила Антонія. Она тоже была очень несчастна. Весною добрый старикъ кистеръ получилъ отъ дѣда деньги, чтобы отправить меня къ нему, вмѣстѣ съ увѣдомленіемъ, что мнѣ посчастливилось въ баллотировкѣ, что я принята на казенный счетъ въ институтъ.

Они всѣ радовались и поздравляли меня; а я хоть и боялась немножко, не понимая, куда меня повезутъ и что со мной будетъ, но была счастлива тѣмъ, что увижу дѣда и избавлена навсегда отъ мачехи. Какой-то купецъ, ѣхавшій въ Петербургъ, взялся довезти меня, и я скоро отправилась...

Передъ отъѣздомъ я ходила прощаться съ братьями и сестрой и очень плакала, потому что ихъ я очень любила и жалѣла... Не знала я, что больше никогда не увижу двоихъ изъ нихъ: въ то же лѣто пришла страшная холера и они умерли, вмѣстѣ со своей матерью. Братъ ея, рыбакъ, взялъ меньшаго сына ея къ себѣ, а нѣсколько лѣтъ спустя отправилъ его къ Эрнесту, который тогда уже былъ на службѣ.

— А вы? спросила я.

— Я была въ институтѣ и такъ какъ братъ былъ очень занятъ, то я почти ихъ никогда не видала.

— А когда вышли изъ института?

— Когда вышла, меньшой братъ былъ въ школѣ, а старшій совсѣмъ уѣхалъ изъ Петербурга. Я поступила въ гувернантки къ одной дамѣ, съ которой и пріѣхала три года назадъ въ Полтаву... А тамъ познакомилась съ твоей мамой и вотъ, теперь, сижу съ маленькой, злой дурочкой и по ея капризу, вспоминаю старину!

— Ну хорошо! А Катерина-же, что? А старый кистеръ? не унималась я.

— Кистеръ и Катерина ужь, вѣрно, давно померли, потому что были очень стары. Я ничего не знаю о нихъ теперь...

— Какъ жаль!..

— Очень жаль. Но отчасти и хорошо: пора идти къ мамѣ, а ты потребовала бы и ихъ исторію, еслибъ я ее знала! засмѣялась Антонія.

— Да! А за что же Царь вамъ деньги платитъ? спохватилась я.

— Я уже сказала: за то, что я хорошо училась! Я должна была получить награду, золотой шифръ, и Государь Николай Павловичъ, пріѣхавъ самъ на актъ въ институтъ, подозвалъ меня, говорилъ со мною, спрашивалъ: кто мои родные? Что я думаю дѣлать по выпускѣ изъ института? И, узнавъ, что я сама не знаю что, потому что ни родныхъ, ни состоянія никакого не имѣю, Онъ разспросилъ еще начальницу и приказалъ во всю мою жизнь выдавать мнѣ пенсіонъ въ 120 р. с. въ годъ или оставить пепиньеркой въ институтѣ, если я захочу... Я захотѣла прежде попробовать на свѣтѣ счастья и, вотъ видишь, — нашла его! Вожусь съ несчастной дѣвчонкой, которая думаетъ, бѣдняжка, что несчастнѣе ея и на свѣтѣ не можетъ быть ребенка!..

— Нѣтъ, душечка! бросилась я на шею къ

своей милой, доброй Антоничкѣ: это я все глупости говорила! Я, слава Богу, очень, очень счастлива!

— А когда такъ, такъ пойдемъ, отъ радости, въ столовую, напьемся чаю, да кстати узнаемъ, зажила ли Леонидова ручка и нельзя ли, какъ нибудь, поправить бѣды, которыя онъ надѣлалъ въ кукольномъ домѣ?..

XXXIV.

Мамино пѣніе.

Въ эту зиму мама такъ часто болѣла, что ей не позволяли доктора такъ много заниматься, какъ она любила. Чтобы ее оторвать отъ дѣла и сколько-нибудь развлечь, папа, наконецъ, собрался съѣздить къ своимъ роднымъ въ Курскъ. Наша *новая* бабушка жила тамъ въ деревнѣ у своей дочери. Разумѣется, она хоть и очень была съ нами ласкова, также какъ и новыя тети, но у насъ къ нимъ не явилось и тѣни тѣхъ чувствъ, какія мы имѣли къ маминымъ роднымъ. Мы слишкомъ недолго у нихъ прогостили, да къ тому же инстинктомъ чуяли, что эти новые папины родные стараются показать намъ ласку и любовь, а не просто любятъ, какъ дорогая наша «бабочка» и «папа большой».

Мы, разумѣется, въ то время не могли понять, что эта бабушка насъ впервые видитъ; отъ сына отвыкла, а маму нашу почти не знаетъ...

Впрочемъ Леля скоро подружилась съ двоюродными братьями и сестрами и весело бѣгала съ ними по всему дому; но я, какъ пріѣхала, такъ и уѣхала отъ родныхъ совсѣмъ чужою. Глядя на бабушку Лизавету Максимовну Васильчикову, веселую, нарядную старушку, очень еще красивую и живую говорунью, я поняла, въ кого у Елены такіе курчавые, бѣлые волосы!.. Она и лицомъ и живостью походила на бабушку.

Возвращаясь домой мы опрокинулись въ глубокій снѣгъ. Все перевернулось въ нашей кибиткѣ и меня такъ завалило подушками и поклажей, что папа насилу нашелъ и откопалъ меня. Всѣ испугались, не ушиблена ли я? Но я только была перепугана, но совершенно невредима.

Испугъ ли на нее подѣйствовалъ или простудилась мама въ дорогѣ, но только что мы вернулись домой, она слегла въ постель. Послали въ Харьковъ за докторомъ, который уже разъ или два пріѣзжалъ къ мамѣ. Онъ покачалъ головою, сказалъ, что мамѣ нужно лечиться серіозно и звалъ ее переѣхать въ городъ. Но когда онъ уѣхалъ, мама сказала, что ни за что не переѣдетъ въ Харьковъ; а ужъ если будетъ нужно, то она весной лучше съѣздитъ полечиться въ Одессу.

16*

Черезъ недѣльку мама встала скоро, и повидимому, совершенно оправилась. Я ужасно радовалась ея выздоровленію и по прежнему начала наблюдать за ея занятіями и долгими бесѣдами съ Антоніей.

Всѣ удивлялись моей перемѣнѣ въ теченіе этой зимы: говорили, что я вдругъ сдѣлалась такая тихая и серіозная, совсѣмъ какъ большая. Мнѣ шелъ седьмой годъ и я помню, что дѣйствительно съ этого времени перестала быть совсѣмъ ребенкомъ и часто думала о вещахъ, которыя прежде мнѣ и въ умъ не приходили.

Мнѣ очень нравилось по вечерамъ, незамѣтно присѣвъ гдѣ нибудь въ уголку, слушать чтеніе большихъ и неподозрѣвавшихъ о моемъ присутствіи и выводить свои заключенія. Папа иногда пристраивался также къ большому столу и слушалъ, рисуя пресмѣшныя каррикатуры или лошадей и пушки, а иногда и портреты своихъ знакомыхъ, которые у него тоже всегда выходили очень смѣшные, хотя и похожи. Но чаще случалось, что его не было дома. Леля готовила уроки или занималась съ миссъ Джефферсъ. У меня же по вечерамъ занятій не было и потому я всегда присаживалась къ Антоніи и мамѣ.

Но больше всего на свѣтѣ я любила слушать мамину игру на фортепіано и пѣніе. Чѣмъ бы я ни занималась, едва, бывало, заслышу стукъ крышки на роялѣ, я все бросала и бѣжала въ залу. Тамъ я забивалась за дверь, за печку, куда нибудь въ уголокъ, гдѣ бы мнѣ не мѣшали и откуда бы я могла хорошо видѣть ея лицо и вся превращалась во вниманіе и слухъ. Мнѣ казалось, что никто въ мірѣ не можетъ пѣть, какъ моя мама и никого нѣтъ красивѣй, чѣмъ она, на свѣтѣ.

Помню разъ вечеромъ, на дворѣ бушевала мятель, вьюга завывала и вѣтеръ засыпалъ наши окна мерзлымъ снѣгомъ. Въ углу топилась печка; дрова трещали и ярко вспыхивало пламя, освѣщая комнату неровнымъ свѣтомъ. Мама давно, съ самыхъ сумерекъ, тихо ходила по комнатѣ, а Антонія сидѣла на диванѣ и вязала чулокъ, бряца спицами въ полутьмѣ. Я смирно сидѣла у ногъ ея, на коврѣ, положивъ голову къ ней на колѣна, слѣдя за всѣми движеніями мамы: за игрой свѣта на лицѣ ея и яркой полоской, перебѣгавшей понизу платья ея каждый разъ, какъ она проходила мимо дверной щелки изъ ярко освѣщенной комнаты Лёли.

Мама вдругъ остановилась и взявъ на роялѣ аккордъ, сказала.

— Вотъ когда «Бурю» хорошо спѣть!

И она сѣла къ роялю. Я насторожила уши.

Мама прежде съиграла что то такое грустное, тихое; потомъ запѣла:

„Буря мглою небо кроетъ,
„Вихри снѣжные крутя;

„То какъ звѣрь она завоетъ,
„То заплачетъ какъ дитя!..

Я вслушивалась жадно въ пѣніе ея и въ чудесныя слова. Когда она дошла до того мѣста какъ старикъ въ ветхой, темной избушкѣ проситъ старушку спѣть ему пѣсню:

„Спой мнѣ пѣсню, какъ синица
„Тихо за моремъ жила;
„Спой мнѣ пѣсню, какъ дѣвица
„За водой по утру шла!..

Я, отъ восторга, едва усидѣла на мѣстѣ! Такъ и хотѣлось броситься мамѣ на шею и крѣпко расцѣловать ее... еслибъ только возможно было это сдѣлать, не помѣшавъ ея чудному пѣнію. Сладко звучалъ маминъ голосъ, прерываемый только завываніями вѣтра, будто бы вправду шатавшаго нашу избушку, то жалобно плача, какъ дитя, то завывая, какъ дикій звѣрь...

Бѣдная лачужка «стариковъ», ихъ одинокая, печальная жизнь: пріунывшая за веретеномъ своимъ старушонка и старикъ, выпрашивавшій, со скуки, пѣсню, такъ живо мнѣ представились: мнѣ такъ стало ихъ жалко, что я слушала, слушала и вдругъ... горько заплакала.

Мама обернулась, удивившись и, увидавъ что я плачу, подошла ко мнѣ, встревоженная.

— Ничего, душечка мама! сквозь слезы говорила я, досадуя на себя, за то, что глупымъ своимъ, безпричиннымъ плачемъ прервала ея пѣніе. Пойте! Пожалуйста, пойте дальше!.. это такъ хорошо! Я вѣдь ничего... только жаль!.. Старички эти бѣдные!.

— Ахъ ты, дурочка, маленькая! удивилась еще больше мама. Она сѣла на диванъ, взяла меня къ себѣ на колѣна и ласкала меня, улыбаясь и утѣшая тѣмъ, что «старичкамъ», напротивъ, очень весело, — что они поютъ пѣсни и пиво пьютъ изъ кружки. Я ужь и сама смѣялась и только упрашивала маму продолжать. Но она сказала:

— Нѣтъ, на сегодня довольно съ тебя! И обернувшись къ Антоніи тихо прибавила: Je vous demande un peu!.. Qu'en dites vous? Ce sont les nerfs, Dieu me pardonne!..

Тутъ принесли несносныя свѣчи и, сколько я ни упрашивала, мама не стала больше пѣть въ этотъ вечеръ.

XXXV.

Опять въ Одессѣ.

Еще снѣгъ не совсѣмъ стаялъ; была сѣрая, мокрая, холодная весна, когда мама собралась ѣхать въ Одессу. Мы дѣти, обѣ гувернантки, Аннушка съ Машей, даже поваръ Аксентій—всѣ уѣзжали. Бѣдный папа опять оста-

вался одинъ съ своимъ усатымъ деньщикомъ Во-
роновымъ, да толстой женой его Марьей. Но въ
то время я совсѣмъ его не жалѣла, радуясь, что
ѣду въ красивую Одессу, увижу опять море и, что
въ особенности меня занимало: увижу домъ, гдѣ
я родилась! Мнѣ казалось, что этотъ домъ никакъ
не можетъ быть обыкновеннымъ домомъ; а непре-
мѣнно какой нибудь особенный домъ, отъ всѣхъ
отличающійся.

— Почему же ты такъ думаешь? удивленно
спросила, услыхавъ отъ меня объ этомъ, Антонія.

— Какже! отвѣчала я: да я вѣдь въ немъ ро-
дилась!

— Ну, такъ что же? разсмѣялась она къ мое-
му большому смущенію и досадѣ: ты что же за
диво такое?.. Каждый человѣкъ родился въ какомъ
нибудь домѣ, а дома-то все же оставались обыкно-
венными домами и нисколько не измѣнялись.

Такой взглядъ на вещи меня озадачилъ и я
перестала говорить объ этомъ домѣ, но все таки,
про себя, интересовалась имъ.

Когда пришлось разставаться, всѣ были очень
печальны, такъ что и я пріуныла, глядя на блѣд-
ную, больную маму и на встревоженное лицо па-
пы, по которому одна за другой катились слезы;
какъ онъ ни старался незамѣтно стряхнуть ихъ,
онѣ скатывались по длиннымъ усамъ его на грудь.

Много дней мы тащились по холоду и грязи.

Мама была печальна и больна и всѣмъ намъ было очень скучно. Я очень удивилась и огорчилась, въ первый разъ увидѣвъ море. По разсказамъ домашнихъ болѣе чѣмъ по своимъ собственнымъ воспоминаніямъ, я представляла себѣ море чѣмъ-то свѣтлымъ, блестящимъ, чудно красивымъ; и вдругъ увидала сквозь туманъ и дождь что-то такое мутное, сѣрое, далеко разбѣгавшееся сердитыми, бѣлыми волнами, которыя сливались съ такимъ же какъ оно, взбудораженнымъ тучами, темнымъ небомъ.

— Что это такое?.. огорченнымъ голосомъ восклицала я, стоя у поднятаго окна кареты, въ которое хлесталъ вѣтеръ и дождь. Развѣ такое море?.. Море голубое, свѣтлое! Оно переливается и блеститъ на солнцѣ,—а это?.. Шевелится себѣ какой-то грязный кисель. Вонъ: колышется, возится, ходитъ... Словно бѣлые бараны по грязи бѣгаютъ...

Мама засмѣялась, тихонько потрепавъ меня по надутой щекѣ.

— Скажите пожалуйста! сказала она; тоже свѣта и блеска захотѣла... Ахъ, ты поэтическая натура!.. Погоди: насмотришься, дастъ Богъ, и на свѣтлые дни... да не обойтись и безъ сѣрыхъ!.. Дай только тебѣ Богъ поменьше ихъ на своемъ вѣку видѣть!..

Мама вздохнула и я не посмѣла спросить ее,

хотя не поняла ея словъ. Антонія тотчасъ ко мнѣ наклонилась и тихонько начала объяснять, что море не всегда одинаково; что въ первый же ясный, солнечный день я не узнаю его,—такое оно будетъ яркое и красивое.

— Ты лучше сюда посмотри! дернула меня за рукавъ Елена, смотрѣвшая въ другую сторону: вотъ и Одесса показалась. Видишь? Церкви, дома!

И мы занялись новымъ, красивымъ городомъ, многолюдными улицами, высокими домами.

Мама бѣдная такъ утомилась дорогой, что пролежала нѣсколько дней по пріѣздѣ. Скоро, однако, она почувствовала себя гораздо лучше и бодрѣе и встала. Мы съ нею иногда гуляли и ѣздили кататься на берегъ моря, которое я дѣйствительно не узнала, въ первый же весенній денекъ.

У мамы въ Одессѣ было много хорошихъ знакомыхъ. Больше всѣхъ я полюбила семейство Шеміотъ, старыхъ пріятельницъ моихъ родныхъ. Вся семья состояла изъ старушки матери и трехъ уже взрослыхъ дочерей: Бетси, Женни и Евлаліи. Онѣ были удивительно милыя, веселыя и гостепріимныя хозяйки и къ тому же варили чудесныя варенья, что не мало способствовало моей личной пріязни.

Къ намъ также очень часто приходилъ одинъ высокій старикъ, генералъ Граве, съ длинными предлинными усами. Онъ былъ предобрый; всегда ласкалъ меня, называлъ своей невѣстой и разсказывалъ часто разныя занимательныя исторіи, пока я сидѣла у него на колѣнахъ и заплетала ему усы. Усы у него были необыкновенно длинные!

Онъ обѣщался непремѣнно отрѣзать ихъ и къ Пасхѣ заказать изъ нихъ парикъ миссъ Долли,— моей безносой куклѣ, чему я ужасно радовалась.

Разъ Антонія, войдя въ комнату увидала такую сцену: я примостилась на колѣнахъ генерала, заплела ему изъ усовъ косы и, сложивъ ихъ въ корзиночку, по тогдашней модѣ, приколола шпилькой, помирая со смѣху надъ его прической!.. Онъ тоже смѣялся моему веселью, но Антонія не засмѣялась.

— Что ты дѣлаешь, Вѣра?.. вскричала она въ негодованіи. Большая семилѣтняя дѣвочка садится на колѣна къ гостямъ?.. Встань сейчасъ же и чтобъ этого никогда больше не было!

Я встала очень сконфуженная. Переконфузился и мой старичекъ, не зная что ему дѣлать: смѣяться или расплетать свои усы?.. Наконецъ, онъ сдѣлалъ и то и другое вмѣстѣ и сказалъ:

— Вы, Антонія Христіановна ужь слишкомъ строги. У меня такія внучки есть, какъ Вѣрочка.

Уходя поспѣшно изъ гостиной, я услыхала, что и Антонія засмѣялась и отвѣчала совсѣмъ не сердитымъ голосомъ:

— Извините меня, пожалуйста, генералъ! Васъ

это, разумѣется, не касается; но она ребенокъ и не пойметъ разницы обращенія съ людьми... А между тѣмъ въ этомъ именно возрастѣ и прививаются легче всего привычки. Ей такихъ фамильярностей позволять нельзя.

Съ этого дня я больше ужъ никогда не садилась на колѣна къ мущинамъ и не плела косъ изъ усовъ.

Въ то же почти время мнѣ еще разъ крѣпко досталось отъ Антоніи. И за дѣло! Вотъ что случилось.

XXXVI.

Мои шалости и прегрѣшенія.

Были мы въ гостяхъ у Шеміотъ. Мама съ Антоніей, взявъ насъ съ собою, оставили у нихъ, а сами пошли, съ Бетси, въ лавки. Мы играли въ разныя игры и, наконецъ, Леля вздумала костюмироваться. Она сдѣлала себѣ маску съ бородой и надѣла капотъ старушки Шеміотъ; а меня Евлалія нарядила въ рубашку и подѣвку своего племянника. Я все смотрѣла въ зеркало и объявила, что мнѣ очень бы хотѣлось остаться такъ на всегда. Всѣ нашли, что я отличный мальчишка и Евлалія съ Женни рѣшили не раздѣвать меня до прихода нашихъ изъ лавокъ. Леля же начала упрашивать ихъ идти на встрѣчу къ нимъ, не раздѣвая меня.

— Какъ это будетъ весело! кричала Леля. Мама ни за что ее не узнаетъ!.. Пожалуйста, пожалуйста, пойдемте, душечки мои!..

— Что-же?.. Пожалуй, пойдемте, отвѣчала Женни.

— Чтобъ только мама ваша не разсердилась, нерѣшительно переглянувшись со своей сестрой, замѣтила Евлалія.

— Ну, вотъ еще! Чего мамѣ сердиться? бойко возразила Леля. Она еще посмѣется, что Вѣрочка сдѣлалась такимъ славнымъ мальчикомъ.

— А Антонія что скажетъ? вопросила я со страхомъ, невольно вспоминая нотаціи о приличіяхъ и укоры по поводу моего нескромнаго поведенія.

— Что-же Антонія? Ничего она ровно не скажетъ!.. Важность какая! Отчего-же не пошутить маленькой дѣвочкѣ?..

— А можетъ быть это неприлично, важно сказала я.

Но тутъ всѣ расхохотались надъ тѣмъ, что я говорю точно большая, расцѣловали меня и повели съ собою.

Сначала мнѣ очень неловко было идти мальчишкой по улицамъ: мнѣ все казалось, что всѣ на меня смотрятъ и всё узнаютъ. Но мало по малу я ободрилась, а когда мы пришли на бульваръ и я встрѣтила цѣлую толпу дѣтей, гдѣ много было знакомыхъ, то я такъ разыгралась, что совершенно забыла о своемъ костюмѣ, а Женни даже пришлось меня просить не входить такъ хорошо въ роль мальчишки-шалуна. Евлалія съ Лелей пошли искать маму и Антонію въ магазинахъ Пале-Рояля однѣ, потому что я ни за что не хотѣла прерывать своихъ игръ. Вдругъ, кто-то изъ мальчиковъ сдернулъ у меня шапку и побѣжалъ. Я, разумѣется, за нимъ, съ полнымъ намѣреніемъ догнать и хорошенько отдѣлать своего врага. Мальчикъ былъ старше меня и бѣжалъ скорѣе. Иногда онъ останавливался, чтобъ подразнить меня, и снова бросался бѣжать съ моей шапкой. Мнѣ бы никогда не догнать его, еслибъ какой-то встрѣчный господинъ, желая вѣроятно услужить мнѣ, какъ меньшему и обиженному, не задержалъ его...

Запыхавшись, растрепанная и вся выпачканная въ сыромъ пескѣ, потому что только что упала на бѣгу, я добѣжала до барахтавшагося, въ рукахъ господина, мальчишки, съ рѣшительно поднятой рукой, готовясь ударить его изо всей силы, какъ вдругъ надо мной раздались восклицанія:

— Господи, помилуй!.. Да что-же это такое?.. Вѣдь это Вѣрочка!..

— Какъ Вѣрочка?.. гдѣ?..

Я окаменѣла... Руки у меня опустились и вся красная отъ усталости, гнѣва и стыда, я не смѣла взглянуть на стоявшихъ предо мною маму и Антонію.

Онѣ не встрѣтились съ Женни, не видали Елены съ Евлаліей и, ничего не зная, рѣшительно не могли понять, что значитъ мое появленіе на бульварѣ въ мальчишечьемъ костюмѣ?..

Мой обидчикъ, воспользовавшись общимъ смятеніемъ и удивленіемъ господина, заступившагося за мальчишку-буяна, вдругъ оказавшагося барышней-Вѣрочкой, вырвался изъ рукъ его и убѣжалъ, бросивъ мою шапку на землю. Я все стояла молча, растеряннымъ взглядомъ ища своихъ сообщницъ, которыхъ не было нигдѣ видно. Наконецъ и Антонія и мама быстро подошли ко мнѣ, приглядываясь, еще не вѣря своимъ глазамъ, и вопросы посыпались на меня, какъ градъ.

— Откуда ты?.. что это значитъ?.. зачѣмъ ты такъ одѣлась?.. съ кѣмъ ты пришла сюда?..

— Я... съ Женни... съ Евлаліей и Лелей... чуть слышно отвѣчала я, едва сдерживая слезы.

— Да гдѣ же онѣ?.. Зачѣмъ тебя одѣли мальчикомъ?..

— И привели сюда, сердито прервала маму Антонія. На бульваръ! И оставили тебя одну и ты тутъ дерешься?!.

— Оставьте ее!.. Послѣ! тихо сказала ей мама

и, взявъ меня за руку, велѣла надѣть свою шапку и, едва удерживая улыбку, отвела въ сторону отъ окружавшей насъ публики.

Немного ободренная, я разсказала все послѣдовательно и повела ихъ къ дальней скамейкѣ, на которой отдыхала Женни Шеміотъ. Пока мы шли, мама смѣялась и уговаривала Антонію не сердиться... Но, несмотря на мамины просьбы, Антонія крѣпко побранилась за это съ обѣими сестрами; а ужъ мнѣ съ Лелей и говорить нечего, какъ дома досталось. Кромѣ глупаго, неприличнаго переодѣванія, я еще могла до того забыться, что безъ всякаго стыда чуть-чуть не подралась съ какимъ-то мальчишкой, на глазахъ у всѣхъ, среди бульвара!.. Я сама не могла понять, что это со мною сдѣлалось?.. Очень долгое время потомъ я не могла вспоминать объ этомъ ужасномъ происшествіи иначе, какъ вся вспыхнувъ отъ стыда.

Какъ ни стыдно мнѣ,—но я должна сознаться здѣсь еще въ одномъ своемъ великомъ прегрѣшеніи,—гораздо худшемъ, чѣмъ эта шалость.

Разъ мы пошли гулять, Леля и я съ миссъ Джефферсъ. Ей понадобился замокъ; она повела насъ въ ряды и зашла въ желѣзную мелочную лавочку. Пока она выбирала замокъ, я съ сестрой остановились у дверей, гдѣ были поставлены ящики, а въ нихъ насыпаны гвозди, разныхъ величинъ кольца и разныя металлическія мелочи. Между ними я увидала какіе-то остренькіе крючечки, о двухъ концахъ, которые мнѣ показались такими странными, что я спросила, — на что они?

— Какъ?.. Ты не знаешь? Это-же удочки, — объяснила мнѣ Леля. Вотъ, которыми ловятъ рыбъ.

— Изъ моря? спросила я.

— Изъ моря, изъ рѣкъ, — отовсюду. Вотъ, какъ пріѣдутъ сюда наши изъ Саратова, да поѣдемъ мы съ бабочкой въ ея деревню, которая здѣсь, близко, — помнишь, мама разсказывала?.. Тамъ есть прудъ, гдѣ много, много карасей. Мы тоже будемъ ловить ихъ такими удочками.

— Да какъ-же, такими коротенькими?

— Глупости! Такъ вѣдь ихъ же привязываютъ къ длинному шнурку, а шнурокъ къ длинному — предлинному пруту. Тогда на крючокъ сажаютъ приманку: говядины кусочекъ, мушку или червячка и закидываютъ крючокъ какъ можно дальше отъ берега. Вотъ рыбка завидитъ добычу на водѣ, а человѣка-то ей не видно. Подплыветъ она, схватится за нее, да сама, глупая, и попадется!.. Ужь съ этого крючка ей не уйти!.. Видишь, какъ онъ устроенъ?

Леля показала мнѣ устройство удочки и отошла: а я начала мечтать, какъ бы хорошо было, еслибъ у меня была такая удочка? я бы тоже ею рыбокъ ловила!.. шнурочекъ и прутъ всегда можно найти, а вотъ удочки такой — сама не сдѣлаешь!..

— Леля! какъ ты думаешь, сколько стоитъ такая удочка?

— О, вздоръ какой нибудь! я думаю ихъ двѣ или три на копѣйку даютъ.

— А у тебя нѣтъ копѣйки?

— Нѣтъ!.. Да на что тебѣ?.. Вѣдь мы еще въ деревню не ѣдемъ.

И она отошла.

«Въ деревню не ѣдемъ!.. А развѣ здѣсь, въ морѣ нельзя ловить?.. Вотъ, должно быть, пріятно поймать рыбку!.. Я бы такъ рада была!.. А вотъ одна удочка упала... На полу лежитъ. Чтожъ? Значитъ, я могу ее поднять?.. Все равно, что нашла... Она все равно затеряется, — такая маленькая... Упадетъ въ щель — и пропадетъ! Непремѣнно, непремѣнно пропадетъ. Стоитъ ее немножко ногой толкнуть — и нѣтъ ея! Лучше-жь я ее подыму... Ихъ здѣсь такая гора! На что купцу эта одна, маленькая удочка?»

— Come, little one! услыхала я голосъ англичанки: пойдемъ домой. Что вы тамъ засмотрѣлись? идемте, дѣти, пора.

— Сейчасъ! вскричала я нагинаясь. Я только поправлю ботинокъ.

Я пригнулась къ полу, поправила обувь, которая въ томъ совсѣмъ не нуждалась, захватила съ полу крючечекъ и сжавъ его въ рукѣ, вся красная, побѣжала вслѣдъ за сестрой и гувернанткой.

— Отчего ты такая красная? удивилась сестра.

— Не знаю! солгала я. Мнѣ жарко!

Но только что мы пришли домой, я сама себя выдала съ головою. Совсѣмъ позабывъ, что воры должны быть осторожны, размечтавшись о томъ, какъ я буду рыбу удить, я сейчасъ же бросилась хлопотать, чтобъ достать длинный прутъ, веревочку, а главное, — мастера, который бы мнѣ устроилъ это орудіе для будущаго улова морскихъ рыбъ.

«Надо попросить Аксентія! думалось мнѣ: онъ поваръ! Онъ долженъ навѣрное умѣть сдѣлать удочки!»

Почему мнѣ такъ казалось, что поваръ долженъ быть рыболовомъ? Сама не знаю!.. Но такъ я рѣшила и тотчасъ хотѣла бѣжать на кухню. Но на мою бѣду, увидала меня Антонія.

— Véra!.. Où courez vous ainsi?.. Куда это вы бѣжите въ шляпкѣ, совсѣмъ одѣтая.

— А въ кухню! отвѣтила я весело, привыкнувъ всегда говорить правду.

— Зачѣмъ?.. Что вамъ дѣлать на кухнѣ?!

Я стала въ тупикъ, сообразивъ, что сглупила, такъ какъ тутъ же была Леля, да и миссъ Джефферсъ остановилась, въ слѣдующей комнатѣ и вошла къ намъ, въ то самое время, какъ я, путаясь и страшно краснѣя, объясняла свое на-

17*

мѣреніе Антоніи, а сестра смотрѣла на меня улыбаясь и укоризненно качая головой.

— Удочку?.. На что тебѣ удочка? говорила Антонія. И гдѣ ты взяла этотъ крючечекъ?.. Покажи. Имъ можно страшно наколоться!.. Кто тебѣ его далъ?

— Никто не давалъ... я... я...

— Какъ же никто!.. Гдѣ-жь ты взяла его? Тутъ подошла англичанка и подозрительно перекосила глаза на мою удочку, которую Антонія разсматривала.

— What's that? спрашивала она.

— Это удочка, которую Вѣра принесла изъ лавокъ, — отвѣчала Леля, по-англійски, улыбаясь.

— A fish-hook? — протянула та. Откуда же она взяла удочку?..

— Я не знаю!.. Тамъ, въ лавкѣ, много ихъ было.

— Что ты говоришь, Лоло? обратилась къ ней Антонія, не понимая.

Но я вдругъ разсердилась, ожидая, что Леля скажетъ и ей, откуда у меня этотъ противный крючечекъ и поспѣшила сказать, что я его подняла, — нашла на землѣ.

— На землѣ?.. На улицѣ? строго переспросила Антонія.

— Нѣтъ! прошептала я, чуть слышно: въ лавкѣ!

— Oh! For shame! вскричала миссъ. Скажитеже, miss Lolo, скажите, что тамъ, въ лавкѣ, продавались такіе крючки и что эта негодница (this wretched little thing) просто его украла!

При этомъ словѣ, — впервые прямо назвавшемъ мнѣ, что я дѣйствительно сдѣлала, — я такъ и залилась слезами, бросившись лицемъ въ колѣна своей Антонички. Я знала, какой ужасный грѣхъ и стыдъ — воровство и теперь искренно была убѣждена, что погибла!.. Антонія меня не утѣшала. Напротивъ — она очень строго и сурово меня пристыдила и чтобы навѣки запечатлѣть въ моей памяти раскаяніе въ моемъ постыдномъ поступкѣ, она рѣшила, что я сейчасъ же возвращусь обратно въ лавку и отдамъ сама эту злополучную удочку продавцу, извинившись въ своемъ «воровствѣ»...

Охъ!.. Вотъ этотъ эпилогъ моего преступленія былъ долго ужаснѣйшимъ воспоминаніемъ моего дѣтства!.. Но, зато, онъ навѣки, съ корнемъ вырвалъ изъ меня малѣйшее поползновеніе покушаться на чужую собственность, будь то простая булавка.

О, Господи! И по нынѣ не забыла я насмѣшливо жалостливой усмѣшки, съ которой на меня глядѣлъ старикъ-еврей, продавецъ желѣзныхъ издѣлій, пока я ему объясняла свой казусъ: — «Не знаю, де, какъ это случилось что я занесла удочку...Вѣроятно,за рукавъ мой она зацѣпилась!..»

И представьте себѣ мой стыдъ: когда безпощадная миссъ Джефферсъ, понявъ мою хитрость, перебила меня восклицаніями.

— О, no! О, no! It was not so! опровергла она рѣшительно мои показанія: это не такъ было! Не лгите, миссъ Вѣра!.. Это еще стыднѣе: красть и потомъ лгать!.. Ай-ай! Какой стыдъ!..

Да! Это былъ дѣйствительно ужасный и, слава Богу—единственный стыдъ такого рода, въ моемъ дѣтствѣ. Никогда я болѣе не совершала такого великаго грѣха.

XXXVII.

И радость и горе.

Черезъ мѣсяцъ или два по пріѣздѣ въ Одессу, мама объявила намъ, что къ намъ сюда ѣдутъ изъ Саратова всѣ наши родные. Ужь какая это была радость — я и сказать не могу! Наша бѣдная, дорогая мама, которая все это время то оправлялась, то вдругъ опять заболѣвала, разомъ ожила и повеселѣла. Въ свои хорошіе дни она хлопотала, искала квартиры, гдѣ бы папѣ-большому, бабочкѣ и всѣмъ было просторно и удобно помѣститься. Такое помѣщеніе, наконецъ, нашлось, немного далеко правда, но мама была этому рада: подальше отъ пыли, отъ стука экипажей и шума. При этой квартирѣ былъ, ужь не помню, садъ-ли, или просто дворъ засаженный, но только оттуда былъ видъ на море, которое все больше и больше мнѣ нравилось. Я ужасно любила смотрѣть на суда, на лодки, качавшіяся по волнамъ, быстро ихъ разсѣкая: на многоэтажные бѣлокрылые паруса барокъ, надутые вѣтромъ, какъ пузыри, и особенно на красивые пароходы, за которыми разстилались два хвоста: сверху, по воздуху, черный дымъ, а внизу, на волнахъ, бѣлая пѣна отъ колесъ, расходившаяся серебристымъ кружевомъ и брызгами. А въ темные вечера за пароходами разстилались огненные хвосты искръ и всѣ они свѣтились яркими, разноцвѣтными огнями люковъ и фонарей, красиво отражавшихся въ темномъ морѣ... Чего только, какихъ сказокъ не сочиняла я самой себѣ, любуясь этимъ зрѣлищемъ!

Болѣзнь мамы рѣдко теперь позволяла Антоніи оставлять ее, но иногда она приходила посидѣть со мною, полюбоваться моремъ и тогда я по старой памяти засыпала ее вопросами. Предметовъ разговора было множество! И солнце, спускавшееся

къ золотисто-красным облакамъ, уходившее за
море, имъ же окрашенное въ пурпуръ и золото. И
свѣтлый мѣсяцъ, который то серебрилъ все море,
разсыпая по мелкой ряби свои лучи, то однимъ
цѣльнымъ блиставшимъ столбомъ падалъ въ глубь,
перерѣзавъ всю бухту. И небо, и земля, и море,—
все меня окружавшее неустанно задавало мнѣ
тьму вопросовъ, за рѣшеніемъ которыхъ я при-
выкла обращаться къ Антоніи. Иногда она бесѣ-
довала со мной охотно; но чаще слушала разсѣ-
янно, глубоко задумываясь и не разъ я ловила ея
слезы, какъ незамѣтно ни старалась она отереть
ихъ ..

— Pourquoi pleurez vous, Antonie?.. спрашивала
я иногда и тутъ же сама отвѣчала: знаю! вы пла-
чете, потому что мама больна.

И самой мнѣ становилось такъ тяжело на
сердцѣ, и я начинала вмѣстѣ съ нею плакать...

Обниметъ она меня бывало крѣпко, крѣпко и
скажетъ:

— Oh! que je voudrais que votre grand'maman
vienne plus vite!..

Я сама хотѣла этого!.. Мы всѣ, начиная съ
мамы ждали и дождаться не могли пріѣзда милой,
дорогой бабушки. Намъ всѣмъ казалось, что съ
пріѣздомъ родныхъ все поправится и мама скорѣй
выздоровѣетъ.

Глядя на нее, какъ она со всякимъ днемъ мѣ-

нялась, худѣла и ослабѣвала, я часто задумы-
валась и хоть не имѣла никакого яснаго понятія
о смерти, но безотчетно пугалась и плакала. Разъ,
когда цѣлый день мы не видали мамы, я сѣла у
дверей ея комнаты и не хотѣла ни обѣдать, ни
чай пить, ни идти спать, пока меня не впустили
посмотрѣть на нее. Она лежала блѣдная, слабая
въ постели, но улыбнулась мнѣ и притянула къ
себѣ. Разцѣловавъ ее, я улеглась въ ногахъ на
ея кровати и такъ и заснула...

Чаще и чаще приходили такіе дни, что насъ
не пускали въ комнату мамы, а она давно сама изъ
нея не выходила. Мы видѣли докторовъ, прохо-
дившихъ къ ней и выходившихъ отъ нея съ серь-
езными лицами. Мы жадно прислушивались къ
говору домашнихъ, но всѣ умолкали, завидѣвъ
насъ, а мы, какъ настоящія дѣти, часто развле-
кались и забывали горе и страхъ за нашу маму.

И вдругъ, въ одинъ чудесный весенній день,
пріѣхали наши давно жданые, дорогіе родные и
мамѣ сдѣлалось, въ самомъ дѣлѣ, гораздо лучше.
То-то были радость и счастіе! — То-то наступили
ясные, безмятежные дни! Эта счастливая весна
и до сихъ поръ вспоминается мнѣ такимъ радост-
нымъ золотымъ временемъ моего ранняго дѣтства,
какого я никогда ужъ болѣе не переживала!..
Словно этотъ цвѣтущій, яркій май былъ данъ намъ
въ послѣднее воспоминаніе о счастливой жизни

нашей съ мамой. Ей стало такъ хорошо, что всѣ
за нее успокоились, даже большіе; нашему же
дѣтскому счастію и предѣловъ не было. Я по-
стоянно торжествовала! Съ утра просыпалась я
съ мыслью о своемъ счастіи: о томъ, что здѣсь,
со мною всѣ тѣ, кого я люблю, — особенно моя
добрая, несравненная моя баловница, бабочка, —
и день мой весь проходилъ въ безпрерывномъ
весельи.

Объ урокахъ не было и помину! Бабочка какъ
пріѣхала, сейчасъ объявила, что лѣтомъ уроковъ
не бываетъ. День нашъ начинался играми въ
саду, прогулками на бульваръ, на берегъ моря
или въ лавки, откуда мы возвращались всегда съ
игрушками и лакомствами, — совсѣмъ какъ въ
Саратовѣ! Почти всякій день мы ѣздили купаться
и я съ этихъ поръ полюбила купанье въ морѣ
больше всѣхъ другихъ удовольствій. Какъ весело
бывало лежать у самаго берега на мокромъ пескѣ
и собирать раковины и пестрые камушки въ ожи-
даніи, что вотъ-вотъ прихлынетъ прозрачная, ки-
пучая волна, приподыметъ легонько и отброситъ
на два, три шага впередъ, заливъ все бѣлой ши-
пучей пѣной. Отхлынетъ бурливая волна, вско-
чишь и бѣжишь за нею по открытому берегу и
снова ложишься и ждешь, замирая, новаго прибоя,
съ ужасомъ оглядываясь на подступающій грозно
валъ, хотя прекрасно знаешь, что онъ не пото-

267

пить, а только оторветъ отъ земли и мягко отнесетъ на прежнее мѣсто. А сколько, бывало, волненій и страховъ! То поймаешь блестящій морской кисель, прозрачный, какъ стекло; то попадется зеленая креветка: а то вдругъ померещится поблизости морской ракъ или черная безобразно-распластанная каракатица!.. Тутъ то подымется шумъ, крикъ!.. Конца нѣтъ смѣху и шалостямъ.

Я была ужасная трусиха: не могла видѣть, когда бабушка или тети отплывали далеко... А онѣ очень любили плавать и плавали отлично и смѣло. Надя взялась, было, учить и насъ. Съ Лелей уроки шли превосходно; но я и слышать не хотѣла!.. Мнѣ несравненно больше нравилось плавать по своему: лежа у бережка, держась за землю, ждать прибоя.

Я столько собирала «драгоцѣнностей» на днѣ морскомъ, что у меня дома были цѣлыя коллекціи ракушекъ, травъ и разноцвѣтныхъ камней.

Вернешься, бывало, съ купанья усталая, но такая сильная и здоровая, что чудо! На балконѣ или въ нашей большой свѣтлой залѣ накрытъ уже чайный столъ. Мама сидитъ въ большомъ креслѣ, издали улыбается и разспрашиваетъ: какъ гуляли? кого видѣли? хорошо ли купались?..

Весело болтая, напьешься чаю; а тамъ, присядешь на колѣна къ бабушкѣ и, несмотря на восклицанія Антоніи, что это стыдно, что бабушкѣ

тяжело, — такъ славно, уютно примостишься къ
ней; такъ сладко задремлешь, положивъ голову
на плечо ея, подъ нѣжную ея, ласкающую руку,
прислушиваясь къ ея рѣчамъ.

— Вотъ, какъ поправится мама, тихо раз-
сказываетъ бабушка, — мы всѣ поѣдемъ ко мнѣ
въ деревню, — недалеко отсюда. Поживемъ тамъ
немножко; будемъ ловить въ пруду карасей, соби-
рать клубнику, варенья наваримъ... А тамъ дастъ
Богъ, мама совсѣмъ выздоровѣетъ и поѣдемъ мы
всѣ назадъ въ Саратовъ! Дача наша милая ужь
давно насъ ожидаетъ!.. А дѣвочки-то наши зна-
комыя: Клава Гречинская, Катя Полянская, какъ
обрадуются тебѣ! прибѣгутъ на встрѣчу, прине-
сутъ всѣ свои куклы! Вотъ будетъ всѣмъ вамъ
веселье!

Слушаешь, бывало, въ сладкой дремотѣ эти
разсказы и не знаешь, точно ли это говоритъ
милая бабушка или снятся такіе славные, золотые
сны?

И точно, дѣти, это счастливое время, данное
намъ Богомъ предъ величайшимъ несчастіемъ
предъ вѣчной разлукой съ дорогою нашей матерью,
было похоже на сонъ и въ 'моей памяти такъ и
осталось навѣки золотымъ, волшебнымъ сномъ,
который закончилъ мое раннее дѣтство...

Теперь вы знаете, что было, когда я была со-
всѣмъ маленькой... Въ другой книгѣ я разскажу

и о томъ, что было со мной дальше, когда я стала постарше и поумнѣе, чѣмъ въ эти раннie, счастливые года золотаго дѣтства. Я думаю, что читать *правду*, — какъ и разсказывать ее, занимательнѣе, чѣмъ слушать вымыселъ; а потому и надѣюсь, что не надоѣмъ вамъ, своими не выдуманными воспоминаніями.

ОГЛАВЛЕНІЕ.

www.ingramcontent.com/pod-product-compliance
Lightning Source LLC
Chambersburg PA
CBHW080512090426
42734CB00015B/3032